财富世界行 系列

Magic Flute Of Paris

巴黎魔笛

法国财富世界之旅

Rich World Tour Of France

谢 普／编著

中国出版集团 现代出版社

图书在版编目(CIP)数据

巴黎魔笛 / 谢普编著. —北京：现代出版社，2016.7(2021.8重印)

ISBN 978-7-5143-5198-9

Ⅰ.①巴…　Ⅱ.①谢…　Ⅲ.①经济概况—法国
Ⅳ.①F156.5

中国版本图书馆CIP数据核字(2016)第160810号

编　　著　谢　普
责任编辑　王敬一
出版发行　现代出版社
通讯地址　北京市安定门外安华里504号
邮政编码　100011
电　　话　010-64267325 64245264(传真)
网　　址　www.1980xd.com
电子邮箱　xiandai@cnpitc.com.cn
印　　刷　北京兴星伟业印刷有限公司
开　　本　700mm×1000mm 1/16
印　　张　9.5
版　　次　2016年12月第1版　2021年8月第3次印刷
书　　号　ISBN 978-7-5143-5198-9
定　　价　29.80元

前言

QIANYAN

多年以来，我们就一直想策划关于G20的图书，经过艰苦努力，如今这个想法终于变成了现实。毋庸置疑，G20已经成为世界上最具影响力的经济论坛之一，而成员国则被视为世界经济界"脑力激荡"、"激发新思维"与财富的代名词。

我常常会在心里问自己：到底什么是财富？什么是经济？有的人可能会说，钱啊！这种说法从某种意义上来说有一定的道理。在这里我要说，只要是具有价值的东西都可以称之为财富，包括自然财富、物质财富、精神财富，等等。从经济学上来看，财富是指物品按价值计算的富裕程度，或对这些物品的控制和处理的状况。财富的概念为所有具有货币价值、交换价值或经济效用的财产或资源，包括货币、不动产、所有权。在许多国家，财富还包括对基础服务的享受，如医疗卫生以及对农作物和家畜的拥有权。财富相当于衡量一个人或团体的物质资产。

需要说明的是，世上没有绝对的公平，只有相对的强弱。有的人一出生就有豪车豪宅，而且是庞大家业的继承人；有的人一出生就只能是穷乡僻壤受寒冷受饥饿的孩子。自己的人生只有改变"权力、地位、财富"中的一项，才可以获得优势的生存机会。那么，财富又被赋予了新的内涵:要创造财富,增加财富,维持财富,保护财富,享受财富;要提高自己的生活质量。

二十国集团是一个国际经济合作论坛,它的宗旨是为推动发达国家和新兴市场国家之间就实质性问题进行讨论和研究,以寻求合作并促进国际金融稳定和经济持续发展。二十国集团由美国、英国、日本、法国、德国、加拿大、意大利、俄罗斯、澳大利亚、中国、巴西、阿根廷、墨西哥、韩国、印度尼西亚、印度、沙特阿拉伯、南非、土耳其共19个国家以及欧盟组成。这些国家的国民生产总值约占全世界的85%,人口则将近世界总人口的2/3。本选题立足二十国集团,希望读者通过阅读能够全面了解这20个经济体,同时,能够对财富有一个全面而清醒的认识。

即使在基本写作思路确定后,对本书的编写还是有些许的担忧,但是工作必须做下去,既然已经开始,我们绝不会半途而废。在编写过程中,书稿大致从以下几个方面入手:

1. 立足G20成员国的经济、财富,阐述该国的经济概况、经济地理、经济历史、财富现状、财富人物以及财富未来的发展战略等。

2. 本书稿为面对青少年的普及型读物,所以在编写过程中尽量注重知识性、趣味性,力求做到浅显易懂。

3. 本书插入了一些必要的图片,对本书的内容进行了恰到好处的补充,以更好地促进读者的阅读。

尽管我们付出了诸多的辛苦,然而由于时间紧迫和能力所限,书稿错讹之处在所难免,敬请各方面的专家学者和广大读者批评指正,我们将不胜感激!

编 者

2012年11月

开 篇 二十国集团是怎么回事

二十国集团，由八国集团（美国、日本、德国、法国、英国、意大利、加拿大、俄罗斯）和 11 个重要新兴工业国家（中国、阿根廷、澳大利亚、巴西、印度、印度尼西亚、墨西哥、沙特阿拉伯、南非、韩国和土耳其）以及欧盟组成。

二十国集团简介

二十国集团，由八国集团（美国、日本、德国、法国、英国、意大利、加拿大、俄罗斯）和11个重要新兴工业国家（中国、阿根廷、澳大利亚、巴西、印度、印度尼西亚、墨西哥、沙特阿拉伯、南非、韩国和土耳其）以及欧盟组成。按照惯例，国际货币基金组织与世界银行列席该组织的会议。二十国集团的GDP总量约占世界的85%，人口约为40亿。中国经济网专门开设了"G20财经要闻精粹"专栏，每日报道G20各国财经要闻。

【走近二十国集团】

二十国集团，又称G20，它是一个国际经济合作论坛，于1999年12月16日在德国柏林成立，属于布雷顿森林体系框架内非正式对话的一种机制，由原八国集团以及其余12个重要经济体组成。

二十国集团的历史

二十国集团的建立，最初是由美国等8个工业化国家的财政部长于1999年6月在德国科隆提出的，目的是防止类似亚洲金融风暴的重演，让有关国家就国际经济、货币政策举行非正式对话，以利于国际金融和货币体系的稳定。二十国集团会议当时只是由各国财长或各国中央银行行长参加，自2008年由美国引发的全球金融危机使得金融体系成为全球的焦点，开始举行二十国集团首脑会议，扩大各个国家的发言权，它取代了之前的二十国集团财长会议。

二十国集团的成员

二十国集团的成员包括：八国集团成员国美国、日本、德国、法国、英国、意大利、加拿大、俄罗斯，作为一个实体的欧盟和澳大利亚、中国以及具有广泛代表性的发展中国家南非、阿根廷、巴西、印度、印度尼西亚、墨西哥、沙特阿拉伯、韩国和土耳其。这些国家的国民生产总值约占全世界的85%，人口则将近世界总人口的2/3。二十国集团成员涵盖面广，代表性强，该集团的GDP占全球经济的90%，贸易额占全球的80%，因此，它已取代G8成为全球经济合作的主要论坛。

【走近二十国集团】

二十国集团是布雷顿森林体系框架内非正式对话的一种机制，旨在推动国际金融体制改革，为有关实质问题的讨论和协商奠定广泛基础，以寻求合作并促进世界经济的稳定和持续增长。

二十国集团的主要活动

二十国集团自成立至今，其主要活动为“财政部长及中央银行行长会议”，每年举行一次。二十国集团没有常设的秘书处和工作人员。因此，由当年主席国设立临时秘书处来协调集团工作和组织会议。

会议主要讨论正式建立二十国集团会议机制以及如何避免经济危机的爆发等问题。与会代表不仅将就各国如何制止经济危机进行讨论，也将就国际社会如何在防止经济危机方面发挥作用等问题交换意见。

1999 年 12 月 15 日至 16 日，第一次会议暨成立大会，德国柏林；

2000 年 10 月 24 日至 25 日，第二次会议，加拿大蒙特利尔；

2001 年 11 月 16 日至 18 日，第三次会议，加拿大渥太华；

2002 年 11 月 22 日至 23 日，第四次会议，印度新德里；

2003 年 10 月 26 日至 27 日，第五次会议，墨西哥莫雷利亚市；

2004 年 11 月 20 日至 21 日，第六次会议，德国柏林；

2005 年 10 月 15 日至 16 日，第七次会议，中国北京；

2006 年 11 月 18 日至 19 日，第八次会议，澳大利亚墨尔本；

2007 年 11 月 17 日至 18 日，第九次会议，南非开普敦；

2008 年 11 月 8 日至 9 日，第十次会议，美国华盛顿；

2009 年 4 月 1 日至 2 日，第十一次会议，英国伦敦；

2009 年 9 月 24 日至 25 日，第十二次会议，美国匹兹堡；

2010 年 6 月 27 日至 28 日，第十三次会议，加拿大多伦多；

2010 年 11 月 11 日至 12 日，第十四次会议，韩国首尔；

2011 年 2 月 18 日至 19 日，第十五次会议，法国巴黎；

2011 年 11 月 3 日至 4 日，第十六次会议，法国戛纳；

2012 年 6 月 17 日至 19 日，第十七次会议，墨西哥洛斯卡沃斯。

二十国集团的相关报道

1.加拿大:防止债务危机恶化

作为峰会主席国,加拿大主张:各成员国应就未来5年将各自预算赤字至少减少50%达成一项协议,以防止主权债务危机进一步恶化;会议应发出明确信号,收紧刺激性支出,即当各国刺激计划到期后,将致力于重整财政,防止通货膨胀。

【走近二十国集团】

以"复苏和新开端"为主题的二十国集团领导人第4次峰会于2010年6月26日至27日在加拿大多伦多召开。此次峰会正值世界经济出现好转趋势,但欧元区主权债务危机爆发又给全球经济走势增添诸多变数之际。在此背景下,与会的主要发达国家及发展中国家对这次峰会的立场受到国际舆论的高度关注。

加拿大还认为,应建立有效的金融调节国际机制,进一步提高银行资本充足率,以防止出现新的金融机构倒闭。不应由纳税人承担拯救金融机构的责任;加强世界银行、国际货币基金组织和多边开发银行的作用,支持国际货币基金组织配额改革,反对开征银行税,认为设立紧急资金是更好的选择。

此外,加拿大还表示,各成员国应承诺反对贸易保护主义,促进国际贸易和投资进一步自由化,确保经济复苏;增加对非洲的发展援助。

2.美国:巩固经济复苏势头

美国是世界头号经济强国,也是本轮金融危机的发源地。根据美国官方透露的信息，美国政府对此次峰会的主要立场包括：巩固经济复苏势头；整顿财政政策；加强金融监管，确立全球通用的金融监管框架。美国希望与各国探讨国际金融机构的治理改革等问题。

【走近二十国集团】

二十国集团的宗旨是为推动已工业化的发达国家和新兴市场国家之间就实质性问题进行开放及有建设性的讨论和研究，以寻求合作并促进国际金融稳定和经济的持续增长。

美国财政部官员说，中国日前宣布进一步增强人民币汇率弹性，其时机对二十国集团峰会“极有建设性”。欧洲宣布将公布对银行业进行压力测试的结果，这将有助于恢复市场信心。美方对这两项宣布感到鼓舞。

3.巴西：鼓励经济增长政策

根据从巴西外交部得到的消息，巴西将在二十国集团峰会上提出要求各国继续鼓励经济增长政策、加快金融市场调节机制建设的主张。

巴西认为，当年4月结束的世界银行改革“令人满意”，但在今后几年中还应在各国投票权上实现进一步平等。此外，峰会应从政治层面强调国际货币基金组织改革。

巴西政府主张二十国集团应发挥更大作用，因为当今世界，二十国集团已显示出了高效讨论各种重要议题的论坛作用。同时，二十国集团也需从主要讨论金融危机拓展到其他问题，如发展、能源和石油政策等。

4.俄罗斯：主张二十国集团机制化

俄罗斯曾经在峰会上就二十国集团机制化、推动国际审计体系改革、建立国际环保基金等具体问题提出一系列倡议。

梅德韦杰夫曾经在会见巴西总统卢拉后说，现在需要努力将二十国集团打造成一个常设机构，以便对国际经济关系产生实际影响。

梅德韦杰夫还在接见美国知名风险投资公司负责人时表示，原有的国际审计体系已经被破坏，俄罗斯目前正在制定改革这一体系的相关建议。他说，二十国集团峰会应对关于审计改革的议题进行讨论。

在防范金融风险方面，俄罗斯可能提出两套方案：一是开征银行税并建立专门的援助基金；另一方案是在发生危机时，国家向银行提供资金支持，但危机过去后，银行不仅要返回资金，还要支付罚款。

5.日本：期望发挥积极作用

日本外务省经济局局长铃木庸一则在记者会上表示，在发生国际金融和经济危机、新兴国家崛起等国际秩序发生变化的形势下，二十国集团是发达国家和新兴国家商讨合作解决全球问题的场所，日本可以继续为解决全球问题发挥积极作用。

【走近二十国集团】

铃木庸一说，从支撑世界经济回升、遏制贸易保护主义的观点出发，二十国集团首脑应表明努力实现多哈谈判早日达成协议的决心。

日本期望峰会能深入讨论如何应对全球性问题并达成一些协议，发达国家和新兴国家能够更多地开展合作，共同致力于解决经济、金融等方面的全球性课题。

6.南非：希望从国际贸易中受益

对于二十国集团峰会，南非政府希望在峰会上重申，南非将与其他国家加强贸易进出口联系，以使其在国际贸易交往中受益。对此，南非方面呼吁重建世界贸易经济交往秩序和规则，予以发展中国家新兴经济体以更多的优惠与权利，与其他发展中国家携手重建世界贸易新秩序。

南非经济学家马丁·戴维斯认为，二十国集团峰会本是西方世界的产物，如今以中国、南非、巴西、印度等新兴经济体为代表的发展中国家需要联合起来，打破国际经济旧秩序，建立更加平衡、公平、长效、利于世界经济全面复兴的新国际经贸秩序。

【走近二十国集团】

在推进国际金融监管改革方面，欧盟将力主就征收银行税达成协议。除此之外，欧盟还提出要在峰会上探讨征收全球金融交易税的可能性。

7.欧盟：实施退出策略需加强协调

对于欧盟来说，在实施退出策略上加强国际协调和继续推进国际金融监管改革，将是其在峰会上的两大核心主张。

欧盟曾经掀起了一股财政紧缩浪潮，但在如何巩固财政和维护经济复苏之间求得平衡的问题上与美国产生分歧。在退出问题上美欧如何协调将是多伦多峰会的一大看点。

8.印度：征银行税不适合印度

印度政府官员表示，在峰会上，新兴经济国家与发达国家在如何促进世界经济复苏的问题上将产生不同意见。

各国应对金融危机的情况不同，经济增长形势不同，西方国家必

须认识到这一点。

印度官员指出，欧盟目前被一些成员国的财政赤字和债务危机所困，法德两国都希望收缩开支。但德国如果采取财政紧缩政策，它可能会陷入双重经济衰退，而且整个欧盟的经济也将随之收缩，这不利于世界经济复苏。

印度官员同时表示，美国政府最近提出要征收银行税和加强对银行的政策限制，西方很可能要求印度等国也采取类似措施，但这并不适合印度，因为印度的金融体系相当健康。

9.中国：谨慎决策防范风险

中国外交部副部长崔天凯曾经在媒体吹风会上说，多伦多峰会是二十国集团峰会机制化后的首次峰会，具有承前启后的重要意义。中方希望有关各方维护二十国集团信誉与效力，巩固该集团国际经济合作主要论坛的地位。

中方在此次峰会上强调，为推动全球经济稳定复苏，各国应保持宏观经济政策的连续性和稳定性；根据各自国情谨慎确定退出战略的时机和方式；在致力于经济增长的同时防范和应对通胀和财政风险；反对贸易和投资保护主义，促进国际贸易和投资健康发展。

中方还指出，为实现全球经济强劲、可持续增长，发达国家应采取有效措施解决自身存在的问题，以减少国际金融市场波动；发展中国家应通过改革和结构调整，以促进经济增长。

【走近二十国集团】

二十国集团还为处于不同发展阶段的主要国家提供了一个共商当前国际经济问题的平台。同时，二十国集团还致力于建立全球公认的标准，例如在透明的财政政策、反洗钱和反恐怖融资等领域率先建立统一标准。

集团宗旨

二十国集团属于非正式论坛，旨在促进工业化国家和新兴市场国家就国际经济、货币政策和金融体系的重要问题开展富有建设性和开放性的对话，并通过对话，为有关实质问题的讨论和协商奠定广泛基础，以寻求合作并推动国际金融体制的改革，加强国际金融体系架构，促进经济的稳定和持续增长。

2011巴黎G20财长会议

全球瞩目的二十国集团财政部长和央行行长会议于当地时间2011年10月15日在法国巴黎闭幕，此次会议是在全球经济尤其是欧债危机深度演化的背景下召开的，吸引了各方关注。

会上，各成员国财政领袖支持欧洲方面所列出的对抗债务危机的新计划，并呼吁欧洲领导人在23日举行的欧盟峰会上对危机采取坚决行动。

此外，与会各方还通过了一项旨在减少系统性金融机构风险的大银行风险控制全面框架。

在本次财长会上，全球主要经济体对欧洲施压，要求该地区领导人在当月23日的欧盟峰会上“拿出一项全面计划，果断应对当前的挑战”。

呼吁欧元区“尽可能扩大欧洲金融稳定基金(EFSF)的影响，以便解决危机蔓延的问题”。

有海外媒体报道称，欧洲官员正在考虑的危机应对方案包括：将希腊债券减值多达50%，对银行业提供支持并继续让欧洲央行购买债券等。

决策者还保留了国际货币基金组织(IMF)提供更多援助，配合欧洲行动的可能性，但是对于是否需要向IMF提供更多资金则意见不一。

当天的会议还通过了一项旨在减少系统性金融机构风险的新规,包括加强监管、建立跨境合作机制、明确破产救助规程以及大银行需额外增加资本金等。

根据这项新规，具有系统性影响的银行将被要求额外增加 1%至 2.5%的资本金。

二十国集团成员同意采取协调一致措施,以应对短期经济复苏脆弱问题,并巩固经济强劲、可持续、平衡增长基础。所有成员都应进一步推进结构改革,提高潜在增长率并扩大就业。

金融峰会

二十国集团金融峰会于 2008 年 11 月 15 日召开，作为参与国家最多、在全球经济金融中作用最大的高峰对话之一,G20 峰会对应对全球金融危机、重建国际金融新秩序作用重大,也因此成为世界的焦点。

金融峰会将达成怎么样的结果？对今后一段时间的全球经济有何推动？对各大经济体遭受的金融风险有怎样的监管和控制？种种问题,都有待回答。

第一,拯救美国经济,防止美国滥发美元

目前美国实体经济已经开始衰退,为了刺激总需求,美联储已经将基准利率降到了 1%,并且不断注资拯救陷入困境的金融机构和大型企业,这些政策都将增加美元发行,从而使美元不断贬值。

【走近二十国集团】

如何拯救美国经济,防止美国滥发美元；要不要改革IMF，确定国际最后贷款人;必须统一监管标准,规范国际金融机构活动。这里对峰会做出的三大猜想,一定也有助于读者更好地观察二十国集团金融峰会的进一步发展。

美元是世界货币，世界上许多国家都持有巨额的美元资产，美国滥发货币的行为将会给持有美元资产的国家造成严重损失。因此，金融峰会最迫在眉睫的任务应是防止美国滥发货币，而为了达到这个目的，各国要齐心协力拯救美国经济，这集中体现在购买美国国债上。

截至2008年9月30日，美国联邦政府财政赤字已达到4548亿美元，达到了历史最高点，因此，美国财政若要发力，需要世界各国购买美国国债，为美国政府支出融资。因此，G20的其他成员要步调一致，严禁大量抛售美国国债，只有这样，才能稳住美国经济，自己手中的美元资产才能保值增值。

第二，改革IMF，确定国际最后贷款人

查尔斯·金德尔伯格在其脍炙人口的《疯狂、惊恐和崩溃：金融危机史》里指出，最后贷款人对解决和预防金融危机扩散至关重要。如果危机发生在一国之内，该国的中央银行可以充当这一角色，但是如果其演变为区域性或全球性金融危机，就需要国际最后贷款人来承担这一角色了。

1944年成立的国际货币基金组织（IMF）就是为了稳定国际金融秩序而建立的一个国际最后贷款人。但是，IMF本身实力有限，只能帮助应对规模较小的金融危机，而且一直受美国利益的支配，在援助受灾国的时候，往往附加苛刻的政治条件，限制了受灾国自主调控经济的自主性，往往在解决金融危机的同时导致严重的经济衰退。

【走近二十国集团】

在国际范围内，既不存在世界政府，也没有任何世界性的银行可以发挥这种功能，但是如果G20能够达成一种世界性的协议，共同应对更大规模的危机（例如由美国次贷风暴所引发的金融危机），将成为一种次优选择。

在这次峰会中，G20其他成员，尤其是新兴经济体将更多地参与到IMF改革中来，包括要求更多的份额、在决策中拥有更多的发言权等。但是IMF的问题还不止于此。IMF成立之初主要为了应对贸易

赤字所带来的国际收支失衡，但是今天的问题是资本流动成了影响一国国际收支的主要因素，在巨量的资本流动面前，IMF 发挥的“救火”功能十分有限。在这种情况下，应确定规模更大的、协调功能更好的、能应对巨额资本流动冲击的国际最后贷款人。

第三，统一监管标准，规范国际金融机构活动

这次危机的根源之一是美国金融监管过度放松。作为金融全球化的主要推动者，美国对其金融机构和金融市场创新的监管越来越宽松，在这种宽松的环境下，其投资银行、商业银行和对冲基金等金融机构高杠杆运营，在全球其他国家攻城略地，屡屡得手。例如，1992 年的英镑和里拉危机，1997 年的亚洲金融危机，在很大程度上都是对冲基金兴风作浪的结果。由于这些机构在全球运行，可以通过内部交易或者跨国资本交易来逃避世界各国的金融监管，因此，统一监管标准，规范国际金融活动，就成了除美国之外，G20 其他成员的共同心声。美国也想加强金融监管，但是它更清楚要掌握监管

规则制定的主动权。如果放弃主动权,美国在国际金融体系中的霸权地位将会被极大撼动,这是美国金融资本所不愿看到的,而这也恰恰是 G20 其他成员的金融资本所诉求的。欧盟成员国在这个问题上早早表明了立场,预计在金融峰会上,美国或者置之不理,或者与 G20 中的欧盟成员国展开一番唇枪舌剑。经济和政治犹如一对孪生兄弟,如影随形。这次金融峰会不光要应对全球经济危机,更关系到美国相对衰落之后的全球利益调整。这个讨价还价的过程不是一次金融峰会就可以解决的,未来更多的峰会将接踵而来。目前,中国是世界上仅次于美国的第二大经济体,拥有全球最多的外汇储备,其他各国都盯住了中国的“钱袋子”,更加关注中国的动向。中国应抓住这次世界经济和政治格局调整的机会,主动发挥大国的作用,参与国际规则的制定,为中国的崛起、为全球金融和经济的长治久安做出自己的贡献。

【走近二十国集团】

二十国集团成员涵盖面广、代表性强,该集团的GDP占全球经济的90%,贸易额占全球的80%,因此已取代G8成为全球经济合作的主要论坛。

第一章　法国为什么是欧洲金融中枢

法国经济发达，国内生产总值居世界前列。主要工业有矿业、冶金、钢铁、汽车制造、造船、机械制造、纺织、化学、电器、动力、日常消费品、食品加工和建筑业等。核能、石油化工、海洋开发、航空和宇航等新兴工业近年来发展较快，在工业产值中所占比重不断提高。

财富小百科

一旦决定积极而有目标的生活，个人的行为举止便会改变，逐渐异于以往的应对方式。这个时候，潜存的“本我”也开始蠢蠢欲动，试图影响你的决心。如果将生命视为一场创富竞赛，那么在参赛之余，它便不计手段要赢得一切金钱。所以，只要一有状况发生，“本我”便会立刻站出来表示意见，大肆批评，藉着以往的创富经验来警告和限制你，希望能进一步影响你的创富感觉和想法。所以，在一个人的“本我”主控大局时，往往容易以先入为主的成见作为评判是非的标准。你是否察觉到：许多目前坚持的创富理念，其实都源于既往的经验？这种理念使个人被动而无所选择。

第一节　现代法国经济在世界经济中的地位

法国经济发达，国内生产总值居世界前列。主要工业有矿业、冶金、钢铁、汽车制造、造船、机械制造、纺织、化学、电器、动力、日常消费品、食品加工和建筑业等。核能、石油化工、海洋开发、航空和宇航等新兴工业近年来发展较快，在工业产值中所占比重不断提高。核电设备能力、石油和石油加工技术居世界第二位，仅次于美国；航空和宇航工业仅次于美国和俄罗斯，居世界第三位；钢铁工业、纺织业居世界第六位。但工业中占主导地位的仍是传统的工业部门，其中钢铁、汽车、建筑为三大支柱。工业在国民经济中的比重有逐步减少的趋势。

第三产业在法国经济中所占比重逐年上升。其中电信、信息、旅游服务和交通运输部门业务量增幅较大，服务业从业人员约占总劳动力的70%。法国商业较为发达，创收最多的是食品销售，在种类繁多的商店中，超级市场和连锁店最具活力，几乎占全部商业活动的一半。

【法国经济】

法国主要工业部门有汽车、机械、纺织、化学、钢铁、电子等，其中钢铁、汽车、建筑是法国三大工业支柱。而核能、石油化工、海洋开发、航空和宇航等新兴工业则是发展最快的工业部门。

法国铁矿蕴藏量约为10亿吨，但品位低、开采成本高，所需的铁矿石大部分依赖进口，煤储量已近枯竭。铝土矿储量约0.9亿吨。有色金属储量很少，几乎全部依赖进口。石油储量只有0.3亿吨左右。天然气储量2500亿立方米，所需石油的99%、天然气的75%依赖进口。能源主要依靠核能，水力资源和地热的开发利用比较充分。

法国是欧盟最大的农业生产国，也是世界主要农副产品出口国。粮食产量占全欧洲粮食产量的1/3，农产品出口仅次于美国居世界第二位。随着法国人口城市化，农村人口不断减少。法国农业的传统地区结构为：中北部地区是谷物、油料、蔬菜、甜菜的主产区，西部和山区为饲料作物主产区，地中海沿岸和西南部地区为多年生作物（葡萄、水果）的主产区。机械化是法国提高农业生产率的主要手段，法国已基本实现了农业机械化。农业食品加工业是法国外贸出口获取顺差的支柱产业之一。欧洲前100家农业食品工业集团有24家在法国，世界前100家农业食品工业集团有7家在法国。

法国是世界著名的旅游国，平均每年接待外国游客0.7亿人次，超过本国人口。首都巴黎、地中海和大西洋沿岸的风景区及阿尔卑斯山区都是旅游胜地，此外还有一些历史名城、卢瓦尔河畔的古堡群、布列塔尼和诺曼底的渔村、科西嘉岛等。法国一些著名的博物馆收藏着世界文化的宝贵遗产。

法国是世界贸易大国，其对外贸易有两个特点：

1.进口大于出口，造成贸易逆差。进口商品主要有能源和工业原料等，出口商品主要有机械、汽车、化工产品、钢铁、农产品、食品、服装、化妆品和军火等,法国葡萄酒享誉全球,酒类出口占世界出口的一半。法国时装、法国大餐、法国香水都在世界上闻名遐迩。

2.非产品化的技术出口增长较快,纯技术出口在整个出口贸易中的地位日益显要。

第二节　法国人是古代高卢人的后裔吗

(一)古高卢人与古凯尔特人

法国一直是欧洲金融的中枢,但人们常会问:法国是不是“高卢”?法国人是不是高卢人呢?这些问题如果不去界定,法国财富之争就失去了历史源头,所以这是一个首先要提到的问题。

说起古凯尔特人就要说一个现象:许多人误以为法国人是欧洲人,脑海里总是一个金发碧眼的轮廓。但实际上,法国人黑头发、黑眼睛的人很多,金发碧眼的人,在法国不到总人口的1%,而且越来越少。

【走近法国】

法国位于欧洲西部,领土呈不规则的六边形,三面临海,三边连陆,是个海陆兼备的国家,地理位置十分优越。它既是沟通北海和地中海的陆上桥梁,又是西欧各国通往南欧、北非、中东和亚洲的交通要道。欧洲大陆各国同南北美洲之间的往来也多取道法国。法国总面积约55.2万平方公里,是西欧面积最大的国家。

大约公元前2700年，黄帝结束了黄帝、炎帝和蚩尤的分治局面。在我国古代的黄河流域,还有许多游牧民族,他们随着水草四处游牧,过着简朴而自给自足的生活。在这个过程中，也有一些游牧民族走得更远,就逐渐到了中亚。古凯尔特人就是中亚的一个游牧民族,他们大约在公元前(具体时间不明，有一说是公元前2000年从中亚游牧而来,但实际上可能要晚得多，因为有关高卢国的正式记录在公元前168年）从中亚来到了今天的法国地区。他们中的一支向南跨越阿尔卑斯山脉，到了今意大利东北。此后，由于山脉阻隔，他们的语言和文化逐渐地自成体系，被人们称作古高卢人。

【走近法国】

法国地势东南高、西北低，境内平原和丘陵占80%，其中海拔250米以下的平原约占全国面积的60%。

那个时期的欧洲地广人稀，古凯尔特人从亚洲游牧而来，不是一下子就到了今天的法国，而是经历了几个世纪的时间。当古凯尔特人到达欧洲的时候，这里除了希腊文明，大多处于原始社会。所以，古凯尔特人中的一支古高卢人就迅速地壮大了起来，建立了一个相对进步的文明体系和一些部落行政区，这对后来法国的影响很深远。

现代法国常自称“高卢雄鸡”，原因在于古罗马帝国把包括今天法国的广大地区叫作“高卢”(拉丁语：Gallia，法语：Gaule)，把高卢人叫作“Gaulois”，其在拉丁语里的另一个意思是“公鸡”。

(二)古高卢文明、古罗马人，古日耳曼人和“统代法国”

有关“高卢”的正式记录，来自古罗马政治家卡铜(Caton)在公元前168年的记录，这时高卢地区或者说高卢国已经进入了鼎盛时期。这个时期的高卢国(如果可以称“国”的话)，究竟是古凯尔特人建立的,还是古高卢人建立的已不得而知。古欧洲的高卢地名,实际上由两大地区构成:“山内高卢”(即阿尔卑斯山以南到卢比孔河流域之间的意大利北部地区)和“山外高卢”(即阿尔卑斯山经地中海北岸,连接比利牛斯山以北广大地区,相当于今日的法国、比利时及荷兰、卢森堡、瑞士和德国的一部分,这一地区通常也泛称高卢),这其实就是古凯尔特人穿越阿尔卑斯山所形成的两片“领土”。

由于高卢没有“建国”的历史文献留下来,所以可以把古凯尔特人和古高卢人看成是一个古高卢地区的两个部分(一般来说,并没有建立一个统一的高卢国,最多就是一个松散的部落联盟)。

古罗马从公元前2世纪末开始,用了大约不到100年的时间,逐渐灭亡了高卢国,完成了对高卢地区的统一,史称“Gallia Togata”,即“穿罗马长袍的高卢”。但这种“统一”和

“占领”很难界定，因为高卢国本身就是一个游牧部落的概念。

【走近法国】

法国的主要矿产资源有铁、铝土矿、铀、钾盐等，煤炭资源不足，石油和各种有色金属贫乏。

我们只能泛泛地说，大约从公元前1世纪中叶到西罗马灭亡（公元476年），高卢地区至少名义上属于罗马帝国。

古罗马帝国被“商人们”控制了，被迫实行了“四帝共治制”（就是把古罗马分为“东西罗马”然后用东西“两个皇帝”和两个“副帝”来管理，这毫无疑问地带来了帝国的分裂，也让古罗马帝国走上了衰亡的道路），而高卢地区属于西罗马地区。故西罗马帝国被古日耳曼部落联合灭亡后（这些古日耳曼人的武装实际上是所谓的“希腊商人”提供贷款维系的西罗马帝国的雇佣军），高卢地区实际上被古日耳曼武装占领，并成了“战场”或“殖民地”。

这个时期（公元476—486），古高卢国早就成了历史，高卢地区也不存在统一的“高卢势力”，整个西欧地区一片混乱，打成了一锅粥。

直到公元486年，来自东方的法兰克族（Francs，古日耳曼人的一支）首领克洛维一世（Clovis I）征服了在罗亚尔河（Loire）和索姆河（Somme）之间的罗马领土，又将现在北部和中部法国地区纳入统治范围，建立了一个日耳曼国家（如果从“高卢文明”的意义来说，到此时基本终结了。

如果从民族融合的层面来说，这是继古高卢国之后，第二个“法国阶段”——“日耳曼人阶段”。问题是：这些古日耳曼邦国与现代法国的关系，的确不如古高卢国更近。事实上一直到近代的第二次世界大战期间，法国人也把

【走近法国】

2007年，法国人口为6170万。其中，90%以上是法兰西人，少数民族有阿尔萨斯人、布列塔尼人、科西嘉人和巴斯克人等，大多分布在边境地区。

“日耳曼德国”看成是入侵者或异族，也就是说民族融合并没有实现，至少在文化、语言和精神层面，民族的差异性越来越大，而不是越来越小)。

这里有一个问题：到底什么时候法国再次出现了？如果把“古日耳曼邦国”也看作是法国，那么这个问题就不存在；如果把法国人看作古高卢人的延续，那么日耳曼武装建立的一些统治就不能简单地算入法国的历史，实际上语言、文化也不同于今日的法国。

第三节　马赛港、高卢城邦与商业资本

法国人引以为自豪的古高卢文明的确是法国文明的渊源。但建立古代高卢城邦文明的又是谁呢？法国以巴黎的浪漫而闻名于世，可法国最早的城邦却不是巴黎（巴黎地区有人居住很早，但作为一个枢纽性的城邦，则要远远晚于马赛港。实际上一直到9世纪，巴黎才开始有城墙，这是巴黎市出现的重要标志；10世纪巴黎才第一次成了首府；11世纪才开始扩建），而是马赛。因为古高卢文明建立在阿尔卑斯山以南、地中海北岸，统治这个地区的是古高卢游牧部落，而建立着城邦文明的则是商人资本。据历史记载，马赛是古希腊商人于公元前600年建立的一个贸易港。

所以，有欧洲学者认为古罗马和古希腊故意贬低古高卢文明，这些学者认为“古高卢的繁荣不次于罗马文明”。但古高卢人充其量不过是游牧民族的经济发展水平（甚至连高卢文字都从来没有过），应该比古希腊文明和古罗马文明要落后一些。这种矛盾的认识，主要由于马赛港和一些“高卢地区”保存下来的用希腊文字写的“商业和借贷”文献记录。但这些不仅不能说明“古高卢文明”如何先进（虽然“古

【走近法国】

20世纪80年代以来，外来移民达450万，大多来自南欧和北非，其中葡萄牙人和阿尔及利亚人占40%以上。移民广泛分布于全国各地，但主要集中于各大经济区和大城市。法国人口密度为每平方公里约115人，人口分布比较均匀。

【走近法国】

法国西北部、西南部人口较稀少，若从塞纳河口到马赛连一条线，该线以东约占全国45%的地区，却集中了全国2/3的人口和法国仅有的3个百万人口以上的大城市，以及全国3/5的10万人口以上的城市；该线以西占全国55%的地区，只拥有全国人口的1/3。法国城市人口比重为74%，且以中小城市为主。法国人主要信仰天主教，其次是基督教、东正教等。

高卢文明”在当时也并不落后，仅仅稍落后于古罗马文明和古希腊文明，比古日耳曼部落要先进许多），反而说明了一个令人想不到的问题——“古高卢国”是欧洲跨国商业资本建立的一块贸易飞地（所以，“古高卢国”在意大利的北部，第一金融国家就是同属地中海沿岸的“威尼斯共和国”，这不是巧合。至少，我们无法相信一个连文字都没有的游牧部落文明能够建立一个贸易港口，并留下商业文献的历史记录，这是不可能的）。

一句话：法国的金融中心有一个从南往北转移的历史过程，其本质是从“地中海贸易”到“跨大西洋贸易”的转变，后者是和大航海时代与北美海外领地的建立紧密相关的，在时间上巴黎市的繁荣和发展远远落后于南部地中海沿岸的马赛港，就顺理成章了。

第四节 法国对古代欧洲各国的影响力

(一)凯尔特文化对古代欧洲文化的影响

凯尔特人(拉丁文称“Celtae”或“Galli”,希腊文称“Keltoi”)是公元前2000年活动在中欧的一些有着共同的文化和语言特质的有亲缘关系的民族的统称。在汉语出版物中,由于音译的关系,凯尔特人经常被译为盖尔特人、克尔特人、塞尔特人、居尔特人等。

今天“凯尔特文化”主要指不列颠群岛、法国布列塔尼地区语言和文化上与古代凯尔特人存在共同点的族群。这些族群在古代并不被其他民族当然地认为是凯尔特人。人们认为,欧洲大陆上的凯尔特部落和民族(如今天的比利时地区在古代欧洲也属于高卢地区)曾迁入不列颠地区和爱尔兰地区,对这些族群的形成有重要影响。

凯尔特文化,也就是古高卢文化,是法国人民的骄傲,在欧洲古代曾经有着举足轻重的地位。罗马帝国时代,古高卢文明已经扩展到了西欧大部分地区。以凯尔特文化为特征的古高卢文明也传到了不列颠岛。目前爱尔兰人、威尔士人、高地苏格兰人(苏格兰盖尔人)和布列塔尼人还在使用凯尔特语的多种分支(包括爱尔兰语、威尔士语、苏格兰盖尔语和布列塔尼语)。早期的苏格兰人很可能也是说凯尔特语的,后来逐渐成为一个以英语为母语的

【法国经济】

法国经济发达,2009年国内生产总值为26494亿美元。法国是一个工农业都发达的国家,工业化水平高,工业产值占其工农业总产值的85%以上,工业产品出口占其出口总额的80%以上;农业也非常发达,是欧洲最大的农产品出口国,也是世界上仅次于美国的第二大农产品出口国。

民族。尽管如此,在当今的苏格兰地区,凯尔特语言文化的痕迹仍然处处可见。

(二)法国在欧洲历史中有着举足轻重的地位

在《水城的泡沫——威尼斯财富之争》中,讲述过统治欧亚非广大地区的罗马帝国,就是被法国军队摧毁的(虽然表面上还在“威尼斯银行家”的支持下苟延残喘了一段时间,也建立了一些“名义上的继承小国”,但实际上罗马帝国被法国军队打垮了)。罗马帝国的挑战者固然很多,但灭亡一个曾经占据统治地位的旧帝国的军队,往往来自一个“新的帝国”,一个冉冉上升的“新帝国”。

有趣的是:法国虽然是欧洲金融资本的重镇,但一直不是金融国家,甚至一直是跨国垄断银行家族打击、渗透和制约的重点对象。这里面的道理很简单——法国在欧洲是个有影响力的大国,也有着统一欧洲的潜力,银行家对法国只是利用,从来就不信任。

第五节　圆明园、雨果和瓦索涅侯爵艾利·让将军

1861年，当雨果得知英法侵略者纵火焚烧了圆明园后发出了满腔义愤。他义正词严地写道：“法兰西帝国从这次胜利中获得了一半赃物，现在它又天真得仿佛自己就是真正的物主似的，将圆明园辉煌的掠夺物拿出来展览。我渴望有朝一日法国能摆脱重负，清洗罪责，把这些财富还给被劫掠的中国。”

后面要提及一个问题：雨果这样说是为了反对当时的拿破仑三世，雨果是古典共济会的成员，拿破仑三世是现代共济会的成员，两个集团在争夺欧洲主导权的问题上水火不容，不能简单地看待雨果的“公道话”。

“火烧圆明园”，这是人们说惯了的一个提法。其实，火烧圆明园的真正概念，不仅是火烧圆明园，而是火烧京西皇家三山五园。焚毁的范围远远比圆明园大得多。这三山五园是：万寿山、玉泉山、香山“三山”，清漪园、圆明园、畅春园、静明园、静宜园“五园”。

历史上法国侵略军火烧圆明园曾经有两次。第一次火烧圆明园是清咸丰十年（1860），“英法联军”入侵北京。他们到处烧杀抢掠、野蛮洗劫，焚毁了举世闻名的圆明园，园内寺庙建筑也大多毁

【法国经济】

法国的工业产值约占国内生产总值的18%，工业部门的就业人口约占全国就业人口的1/5，约有1/4工业品供出口。

于大火。“英法联军”火烧圆明园时，本意是将其夷为平地，但是由于圆明园园子的面积太大，景点分散，而且水域辽阔，一些偏僻之处和水中景点幸免于难。据同治十二年（1873）冬查勘，园内尚存有建筑13处。如圆明园的蓬岛瑶台、藏舟坞，绮春园的大宫门、正觉寺等。第二次“火烧圆明园”是清光绪二十六年（1900），法国再次参与“八国联军”入侵北京，第二次“火烧圆明园”，使这里残存的13处皇家宫殿建筑又遭掠夺焚劫，这次“八国联军”实际上抢劫的范围包括了整个京津地区和更加广阔的地域，奸淫烧杀、无恶不作。

2009年4月29日法国，博桑·勒费福尔拍卖行（Beaussant Lefevre）在巴黎德卢尔饭店公开拍卖法国瓦索涅侯爵艾利·让将军（“英法联军火烧圆明园的1860年，艾利·让正是法军驻扎在大沽军营的指挥官，并率领部队攻入北京。艾利·让在当年的1860年11月7日被晋升为准将”）的“遗产”——中国皇家玉玺。

第六节　古代法国的金融与货币体制

(一)第一次纸币尝试——银行家约翰·劳的骗局

有关银行家约翰·劳对法国金融货币大权的秘密取得以及法国第一家私有独立央行“法国皇家银行”的覆灭，是一个错综复杂的历史事件（有关详情请参看拙作《货币长城》），这里想介绍一些“小事”，由此可以看出古代欧洲金融僭主体制内部的斗争与银行家族脱离法律管理的无上特权，了解这些历史，有助于理解什么是金融贵族体制，什么是金融僭主体制。

1．银行家约翰·劳的杀人与越狱

银行家约翰·劳的说法并不完整，这个欧洲历史上臭名昭著的银行家，还是一个杀人犯、越狱犯、死刑犯。约翰·劳是一个世袭银行家族的子弟，他有着超人的天赋。对于一个银行家族的继承者来说，找一些风月女子不成问题，但找别人的女友可能比较刺激。大约在1697年，26岁的苏格兰银行家约翰·劳在伦敦调戏青年威尔逊的女友，然后在决斗中，麻利地捅死了威尔逊。这件事激起了民愤，有

【法国经济】

法国是能源消费大国。在能源消费构成中，石油和天然气占47.4%，电力占45.7%，煤占7%。

【法国经济】

法国能源自给率不到一半，能源进口占消费量的51%。煤炭主要从南非和波兰大量进口。法国石油的储量和产量极少，每年需从中东等地大量进口原油。

许多证人在场，他被愤怒的人们当场抓住，然后交给了警察。伦敦警方深知这是一次骇人听闻的犯罪，又铁证如山，约翰·劳也供认不讳，所以就立刻把他收押了。当时约翰·劳这种公开调戏女子挑衅在先，又杀死他人的恶性案件并不多见，而且约翰·劳的银行家身份又引起了公愤。伦敦法院迫于公众压力立刻开始了公开审判，并且把约翰·劳与26名重罪犯在一起审判。由于铁证如山，证人证物证言都对约翰·劳不利，法官感觉无奈，就想让约翰·劳自己进行"事实的陈述"，无法得知法官的真实用意，但这无疑是一个让约翰·劳自我开脱的好机会。但银行家约翰·劳根本就没有把法律放在眼里，公开承认了一切指控，笑嘻嘻地面对受害者的哥哥毫无愧疚，连一句道歉的话都没有。

这个案件导致伦敦舆论一片哗然，法院压力很大，不得不在3天后做出了约翰·劳的死刑判决（包括一起同时审判的强奸犯等）——判处杀人犯约翰·劳绞刑。

如果说，这个判决执行了，哪怕是缓期了，都算是有一点点的公正。但实际上，很快就有"传言"银行家约翰·劳即将被改判"过失杀人"（罚款了事）。接下来更是公正女神蒙面午睡的一幕：就在受害者威尔逊的家人四处鸣冤、案子悬而未决之时，约翰·劳"逃出了警戒森严的伦敦死刑犯监狱”，跑到欧洲逍遥自在去了。由于没有经过释放或任何合法手续，银行家约翰·劳是一个逃狱的死刑犯。

2．法国的第一个私有央行——法国皇家银行

约翰·劳建立了法国第一个独立央行和债务货币体系，在美国建立了第一个私有独立央行，并发行了第一种“跨国私有垄断信用体系”，即“国际债权人体系”。马克思在《资本论》“信用在资本主义生产中的作用”一章中，深刻地指出：“信用制度加速了生产力的物质上的发展和世界市场的形成；使这二者作为新生产形式的物质基础发展到一定的高度，是资本主义生产方式的历史使命。同时，信用加速了这种矛盾的暴力的爆发，即危机，因而加强了旧生产方式解体的各种要素。信用制度固有的二重性质是：一方面，把资本主义生产的动力——用剥削别人劳动的办法来发财致富——发展成为最纯粹最巨大的赌博欺诈制度，并且使剥削社会财富的少数人的人数越来越减少；另一方面，又是转到一种新生产方式的过渡形式。正是这种二重性质，使信用的主要宣扬者，从约翰·劳到伊萨克·贝列拉，都具有这样一种有趣的混合性质：既是骗子又是预言家。”

3．银行家约翰·劳与“信用悖论”骗局

银行家约翰·劳第一次用虚拟经济震撼了法国（也包括北美），也震撼了历史。他留下了“22亿利弗尔的银行券和面值为0.25亿利弗尔的125000股股票”，这是一笔“不存在的虚拟债务”，“22亿利弗尔”是个什么概念呢？为什么说这是“虚拟债务”呢？这里的利弗尔金币，不一定就是古代欧洲流通的利弗尔金币，当时人们把1360年国王约翰二世铸造的一种法郎金币（和后来的仿制品，这种法郎金币不等同于19世纪法郎的含金量，不

【法国经济】

法国天然气探明储量340亿立方米，主要分布在比利牛斯山麓地区，以拉克气田最著名，但产量不高，因此，天然气也需进口。

是一回事）也称作“利弗尔”，因为这些金币的含金量都是3.88克。

“22亿利弗尔”约等于8536吨纯金（利弗尔主要指银币），这笔“债务”根本就没有发生过，法国政府却被迫“归还”，以至于“实际破产”了。持有最多利弗尔纸币的“受害者”恰恰就是“国际债权人”，这就涉及一个复杂到可怕的问题：约翰·劳“失败”了吗？

【法国经济】

在法国的能源构成中，电力地位突出，2004年发电量为5466亿千瓦/时，其中，核电4268亿千瓦/时，占78%，地热占10%，水力占11%。法国是世界上核电比重最高的国家之一。

约翰·劳在初期的“错误”在于“试图贪婪地独自建立一个横跨大西洋的私人信用体系”，成了其他跨国银行家族的众矢之的，但后期约翰·劳承认失败，联合欧洲的跨国垄断银行家族，狠狠地敲诈了法国政府一笔。这无疑给古代法国的货币和金融体系造成了严重的损害。“约翰·劳时期法国的经历是这样的，在那以后的150年中，法国人民甚至不愿说‘银行’这个词——这是一个留在集体金融记忆中的事物的典型例子。1800年创立的法兰西银行是个例外。但除此以外，银行机构典型地被称为Caisse（原意为‘金库、钱柜’——译者注）、Cr é dit（原意为‘信贷’——译者注）、Soci é i é（意思是‘公

司、会社'——译者注)或Comptoir(原意为'账房'——译者注),而不是银行。"

有的读者会提出这样一个问题:为什么"独立央行"体制一定会让"国际债权人"控制本国信用呢?(自己国家的剩余资本为什么不能用来支持货币发行呢?)这里的原因在于,约翰·劳等银行家使用的"独立央行理论"制造了一个"信用悖论"。从表面上来说,似乎"本国债权人"和"国际债权人"拥有同样的主导、认购国债而发行信用的能力和资格,并且秉承"赤字国债理论"开始阶段大多是"国内债权人"拥有"本国债务"。

但实际上,发行"国债"的目的逐渐变成了"发行货币",因为"独立央行理论"是不承认"虚拟经济学"所提出"预发行货币余量"这个概念的,每年国民经济的发展所需要不断增大的货币部分就必须由"债务"来形成,"国内债权人"不可能有足够的"本国剩余信用"来持续制造还不存在的"信用"(用"本国"货币购买"本国国债"制造本国来年经济增长所需要预发行货币余量，这无疑会让增发货币的意义消失，"预发行货币余量" 不可能得以实现，也就引发了无法解释的通货紧缩型经济危机，实际上却常表现为"国债无人购买，本国赤字无法弥补"。其实很简单：一个国家经济只要不断发展，必须存在 "预发行货币余量"，政府赤字

【法国经济】

法国具有发展核工业的优越条件。铀矿资源丰富，已探明储量为3.08万吨，居西欧首位，同时法国还控制了蕴藏量丰富的加蓬、尼日尔等国的铀矿开采权。

必须存在，且不能以债务形态积蓄。否则，只要经济增长低于债务利息0.1个百分点，几百年以后，需支付给“国际债权人”的债务利息会超过国民生产总值无数倍……），必须由“国际债权人”来注入“国际信用”这个国家才能繁荣，反之一定会陷入“信用紧缩型金融危机”，这就是“独立央行体制”、“赤字国债理论”和“债务货币制度”的根本秘密——“信用悖论”，也称信用骗局，即把信用当作资本来牟利，并用信用符号创造新的信用符号，以此来左右实体经济的发展。

所以，国际银行家约翰·劳从一开始就是要狠狠地坑法国一下子，约翰·劳是个骗子不假，骗局是否“失败”了，却是法国财富之争中的谜案了……

（二）古代法国的“副本位体制”与法国没有成为金融国家的历史之谜

1．“金币”与“金融国家”

古代法国的金融体制很复杂和独特，不谈“纸币”，单就金属币就有很多种，包括铜币、金币、银币，并且使用都很广泛。但法国实际上使用的是“银本位体制”，而不是“金本位体制”。

欧洲古代之所以出现了“金融国家”，关键在于跨国垄断银行家族的出现。这些世袭家族垄断的是什么？答案很简单：黄金。货币并不一定非要和金元素等同，比如法国实际上选择了数量更多的白银，中国古代实际上是铜本位（金银成了“大面额”的货币，但表示的却是铜币的多少）。这样银行家族就很难在法国实现垄断。

这不是银行家族对古代法国的渗透和主导太弱了,恰恰相反:由于美第奇银行等直接在古代法国建立了金融僭主体系,他们需要的是一个“不引起社会反弹”的金融体制。古代法国经济体很强大(这是在欧洲各国中比较),人们需要“更多的货币”,也就选择了白银、黄金、铜三种金属币,这让法国经济比其他欧洲各国稍好一点,至少通货紧缩不那么严重。换句话说,美第奇银行根本就不需要把法国变成一个金融国家,只要巩固在法国的金融僭主体制就可以了。

【法国经济】

法国拥有先进的核技术,特别是在中子增殖反应堆技术方面,处于世界领先地位。目前,法国已形成核能工业体系,成为仅次于美国的世界第二核能发电大国。

人们并不知道的是法国的中央银行——法兰西银行不是国有的,是跨国银行家族建立的股份制私有银行,控制了法国的一切信用和财富。

第七节 财富名人榜——可可·夏奈尔

1883年8月19日，可可·夏奈尔出生在法国罗亚尔河畔的沙穆尔镇。其父出身贫苦，是个市场推销员，长期不在家，其母承担全部家务。夏奈尔12岁时，其母去世，夏奈尔只好住进孤儿院，生活清苦。后转到修道院里学习社交礼仪、家计管理，大概是穷怕了，她对金钱特别注重。

夏奈尔在孤儿院里学到了一手扎实的缝纫技术。18岁时到镇上的服饰店当助理缝纫师。她的生活背景和艰辛的童年经历，深深地影响了她对流行的看法。她早期设计的服饰一反当时的时尚，看起来简单、利落、前卫，却不怪异。

由于她工作勤奋，流行服饰不断涌现。夏奈尔称自己活泼优雅的服饰风格来自朴实纯真的自然色调。1924年她设立了一家专门制作装饰品的作坊。1929年她创造的夏奈尔5号香水成为当时世界销量最大的香水，现在还很有名气。

1954年2月5日，夏奈尔以盛大的服装发布会的形式向世人宣告：夏奈尔回来了！从20年代到70年代，夏奈尔服饰都是站在时代的前沿，反映社会潮流，特别是日渐抬头的女性独立、自立意识。她抓住了大众的心理，另辟蹊径，开创了夏奈尔风格，一直流行到今天。

1971年，夏奈尔逝世。

作为20世纪最重要的服装设计师，在欧美，拥有典雅的夏奈尔时装，不仅曾是很多上班族女性的首选，也是总统夫人和明星、名媛们的追求。

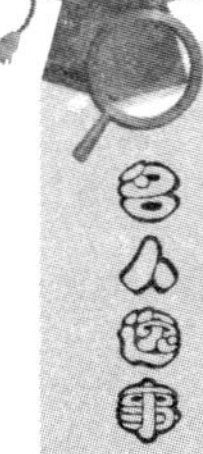

夏奈尔有一段很不愉快的童年。她的父亲是兜售杂货的小贩，母亲是个村妇。1883 年夏奈尔出世时，父母尚未正式结婚，她对自己是私生女的事实始终耿耿于怀。夏奈尔 12 岁时母亲去世，父亲抛下了他们 5 个兄弟姐妹，自此不知去向。这残酷的事实，使她在以后的日子里，总要极力地掩饰那段悲惨的童年生活。之后，她在修道院的收容所里度过了暗淡的少女岁月。18 岁离开修道院后，几经周折，她尝试过各种不同的工作，甚至有一小段歌唱生涯。据说这也是她的别名可可·香奈儿的由来。

后来，夏奈尔邂逅了她一生中最重要的男人卡佩尔，卡佩尔出身卑微，为一情妇之子，他凭借自己的奋斗，在商场上大展宏图，并于第一次世界大战后当上《凡尔赛条约》(全称《协约国和参战各国对德和约》)的政治秘书，成为一介名流，卡佩尔出资让她在巴黎开了一间女帽店，这便是夏奈尔事业的起点。

第二章　金融之争，谁是赢家

法国大革命之前，法国就是典型的资本社会，之后不过诞生了一个幕后的金融皇族替代了前台的皇族傀儡，两者在世袭和垄断上，金融皇族更甚，纯粹依靠血缘，而缺乏一个贵族体制内部的选拔机制和监督机制。

财富小百科

任何创富活动的细节都会引起人们的注意，加以严格管制。事实上，每个人都期望自己在“此时此地”能活动得更好，不断充实，以求屡创财富高峰。没有人能够预测，如果再度遭遇以往曾经历过的事，采用原来的处理方法是否会应验收效。一个人的“本我”的确会清楚记录下创富过程中发生过的一切，同时给予评价：“我对这件事的感觉很好”、“这个方法行得通吗?”、“这么做的确有效”。在评估的过程中，基于安全感和控制全局的需要，“本我”绝少去考虑成长、改变及成就感的问题；如果能用熟悉而安全的方法达成目标，它就绝不肯冒险。至于“有所为的自我”，可能被冷落一旁。当它成为主宰，你就只能接受与其一致的看法。

第一节　金融僭主体制完全确立的时期

(一)法兰西第三共和国到底是稳定还是动荡?

法兰西第三共和国(1870—1940),实际上就是现代的法国政体的雏形。

一直比较动荡,各种政治人物似乎都可以出任总统,保皇党、激进派、左翼政党、右翼政党、军人……

从来没有一个稳定的治国方针,但实际上又没有出现过真正的政局动荡。

这不是由于民主体制的建立,而是因为金融僭主体制的建立。巴黎公社也是如此!他们向法兰西银行家族"借钱",却不敢征用这些正在给敌人贷款的外国银行家族的财产,每天忙于民主选举,各党派候选人资金却依赖外国银行家提供。巴黎公社的敌人(外国银行家族为代表的"二百家族"),却丝毫不介意"人民的选举结果",用割让法国领土、允许德国在法国驻军和50亿法郎战争赔款的价码,联合了德国军队架起了大炮,巴黎公社又怎么能不失败呢?

【法国经济】

法国正在运转的核电站共59座,核电已成为法国的重要出口产品。目前,法国正积极开发可再生能源,包括风力、太阳能、地热、水力等。

法兰西银行不仅仅在货币、金融、经

济、预算领域实现了独立的权力，而且通过政治候选人进行捐助，也就完成了银行代理人的筛选工作，不听话的根本就得不到竞选资金，也不会被银行家族私人拥有的媒体提到，不可能被选举。所以，法兰西第三共和国看似有着截然不同政治理念的总统们，其实都是前台的“演员”，纷纷粉墨登场，你演几年，我演几年，法国实际上的权力牢牢控制在外国银行家族手中，法国政府的运作却和法国无关。

这样就出现了一个怪现象：法国是欧洲的大国，从这以后却总打败仗，可军队不论装备、训练、人数都不弱于德国。这就是金融僭主体制对法国民族利益的跨国主导，这不是突然出现的，而是一系列历史事件演变的结果，是金融僭主体制在法国逐渐成熟的标志。

（二）人海战术的典范——索姆河战役(1916.7.1—1616.11.18)

1．为什么要提及索姆河战役之一：巴黎公社

“法兰西银行券”统治法国的过程中，银行家策动了“两次法郎财富之争”，第一次法郎财富之争(1837—1870年)，让法郎体制得以巩固；第二次法郎财富之争(1946.1.1—1960.1.1)，主要完成了法兰西银行世袭股东“国际债权人化”(就是垄断银行家族名义上让法兰西银行国有化，实际上用“国际债权人”和“独立央行”的名义继续取得发行“法兰西银行券”的利益，并绝对主导法兰西银行，这样更加隐蔽，更有迷惑性，实际利益一点没有损失，银行家族的世袭主导能力得到了进一步加强和集中)和“第二次世界大战后的资本兼并”(银行家利用第二次世界大战后百业待兴的局面，大肆滥发“法兰西银行券”，逐渐控制了法国绝大多数的实体经济，直接导致了“法兰西银行券”的崩溃，1960年1月1日，法兰西银行发行新法郎，1∶100兑换旧法郎，新法郎含金量为0.1802克，这是法兰西银行背后的“国际债权人”对法国各阶层的一次财富之争，用“数字换实体经济所有权”对法国各阶层进行了一个高效的财富转移，故称“第二次法郎财富之争”)。

第一次法郎财富之争结束之后，也就是现代共济会成员、由法兰西银行股东秘密资助政变上台的拿破仑三世的法兰西第二帝国垮台之时（1852—1870），也是普法战争（1870.7.19—1871.5.10）法国失败的历史时刻。银行家的实体经济的投资重点已

经转移到了德国,虚拟经济的重点转移到了美国。

【法国经济】

法国可再生能源发出的电(含水力发电)占全部电力消费量的15%,当时计划到2010年达到21%。2006年,风力发电装机159万千瓦,居世界第十位。

这时法国并没有打败仗!仅在1870年9月19日,巴黎人民就组织了194个营的"国民自卫军",超过30万军队,且士气高昂,完全是自愿,不需支付任何军饷!这支法国生力军超过了德国"围城"部队的总和,普法战争的胜利者是法国无疑。

可银行家立刻建立了一个法兰西第三共和国政府,除了继续授权法兰西银行发行银行券外,承认给德国(普鲁士)50亿法郎(不用"法兰西银行券",而是黄金,交给德国的银行家族"分部",给德国政府的是一些"法兰西银行券的账面数字",这个在德国财富之争中会提及),而且割地赔款("法兰克福条约"包括贞德的故乡,这是蓄意制造民族仇恨,埋下了第一次世界大战的种子)。这个卖国条约法兰西第三共和国比德国还着急,要立刻执行!条件只有一个:把拿破仑三世俘虏的10万法兰西第二帝国军队放回——屠杀法国巴黎的194个营的人民武装,并且要求德国军队"协助"。

这个历史事件史称"巴黎公社"。所以,普法战争中法国的战败是盘踞在法国的欧洲跨国银行家集团和外国军队联手制造的政治结果,是一场财富之争。

2. 为什么要提及索姆河战役之二:法兰西第三共和国(1870—1940年)、德雷福斯间谍事件、埃米尔·左拉

(1)法兰西银行1800年建立伊始,犹太银行家罗思柴尔德家族是第三大股东,但此后世袭股东的"二百家族"之间兼并频繁,具体股份比例至今是绝密,但可以看出一些端倪。法兰西第三共和国时期,官方宗教是天主教、新教和犹太教(截至1905年)。

（2）阿尔弗雷德·德雷福斯（1859.10.9—1935.7.12）

> **【法国经济】**
>
> 法国铁矿石资源丰富，已探明储量10亿吨，主要分布在洛林地区，占全国储量的90%以上。由于矿石品位不高，自20世纪60年代以来，法国进口高品位矿石，大力发展临海型钢厂。

阿尔弗雷德·德雷福斯是法国总参谋部的高级军官。他的父亲是一名米卢斯的犹太人纺织业企业家。1871年普法战争后阿尔萨斯被并入德意志帝国。德雷福斯的父母当时保留了他们的法国国籍。

1872年他们和家里的部分人移居巴黎。德雷福斯在巴黎中学毕业，1878年考入巴黎综合理工学院，当时该学院主要培养技术军官，比如炮兵的军官（他成为炮兵职业军官）。1890年他加入军事学校培训。同年他与一名富有的钻石买卖商的女儿结婚。1893年德雷福斯晋升到上校，被召入法国总参谋部。

1894年9月法国情报机构据称通过打入德国大使馆的间谍获得了一份手写的文献。在该文献中，一个法国军官向德国武官说，他要为德国提供秘密军事情报，尤其是法国炮兵情报。经调查，认为是阿尔弗雷德·德雷福斯，就被关进监狱了。

后来的变化是戏剧性的，1896年夏，新情报机构领导人皮卡尔上校获得线索，认为真正的叛徒应该是另一名总参谋部成员费迪南·瓦尔桑·埃斯特哈齐。但经过调查，法国政府宣布费迪南·瓦尔桑·埃斯特哈齐无罪。

整个间谍事件的焦点被误导在了"两者谁是间谍",实际上自始至终只能说他们二人都有嫌疑,核心人物阿尔弗雷德·德雷福斯之所以受到怀疑是因为法国谍报人员得到的是手写文件,他又在之前去过德国(参加父亲的葬礼),故此首先受到怀疑,这也在情理之中。

按照常理,可以不予追究,但绝不适合再次到法国总参谋部工作,并且在第一次世界大战期间,又第三次加入法国军队,一直接触法国军事机密(直到战后)。更不应该把他看成是某种"英雄人物",因为从今天看来,阿尔弗雷德·德雷福斯的确有间谍嫌疑,只是不能确定他是否是德国打入法国第三共和国总参谋部的间谍。

(3)埃米尔·左拉(1840.4.2—1902.9.29)

埃米尔·左拉(法国自由主义代表人物,一般被认为是法国作家,但他父亲是意大利人)一直为阿尔弗雷德·德雷福斯鸣不平。

此人和银行家族的保罗·塞尚(法国画家,1839年—1906)是儿童时代的挚友,但左拉在他的小说《杰作》中虚构了塞尚以及画家们放荡不羁的生活态度后,两人断交。

埃米尔·左拉在阿尔弗雷德·德雷福斯事件中,表现异常(因为当时的法国情报机构是有一定证据才怀疑他,这份情报却被各方认为是真实的,不过对间谍是谁有争议),因为他根本就不了解,也不可能去验证这份秘密情报的来源和真伪,就发给法国总统菲利斯·弗尔(1841—1899)公开

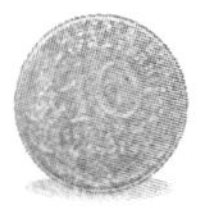

信，认为这是冤案，后被法庭判决是诽谤，逃到了英国。1902年神秘地死于煤气中毒，阿尔弗雷德·德雷福斯后来扶棺（1908年左拉的骨灰被移葬到先贤祠）时遇刺，险些丧命。

【法国经济】

法国进口矿石主要来自巴西、澳大利亚和瑞典等国，焦煤主要来自德国和波兰。

3. 第一次世界大战中的“索姆河绞肉机”——一切为了制造和延续债务！

普法战争，法国银行家联合普鲁士军队彻底消灭了法国军队——巴黎公社194个营，30万军队，可谓“战功赫赫”，而且巧妙地让法国和德国进入了敌对状态。法兰西第三共和国政府拼命向法兰西银行借贷，德国政府也向银行家族在德国的家族银行分部借贷，结果双方进入了疯狂的军备竞赛。到了第一次世界大战（1914.7.28—1918.11.11）之前，两国连支付旧债利息都要借贷新债了！

1914年6月28日在巴尔干半岛的波士尼亚，奥匈帝国皇位继承人费迪南大公（Archduke Franz Ferdinand，1863.12.18—1914.6.28）夫妇被神秘的秘密组织黑手社的杀手普林西普枪杀。这次事件促

【法国经济】

1887年有识之士就看出“法兰西银行”的“独立央行”系统蓄意制造了欧洲各国政府的债务，意图制造全面战争，以此牟取罪恶的暴利。

使1914年7月奥匈帝国向塞尔维亚宣战，成为第一次世界大战的导火线。这个事件蹊跷得很，具有明显的人为性，如果不是欧洲各国被银行家借贷逼到了绝路上，神秘的黑手社是无力挑起世界大战的！

战后各国对债务的需求激增，各国央行基本控制了一切财富和权力，以纽约美联储世袭股东为中心的金融僭主体制，建立起来了。

索姆河战役是银行家游戏的副产品——人海战争的典范。纵观亚洲、非洲的战争历史，很少有一个战役死伤超过100万人，一天之内死几万人的例子。人海战术的典范就是索姆河战役。

法英联军在法国北部索姆河与德国进行一场战斗，从1916年7月1日到1916年11月18日，双方伤亡达133.2万人（法英联军79.4万人，德军53.8万人）。1916年7月1日晨，第一次世界大战中的索姆河战役打响了，法英联军在15英里宽的正面上以12个师的兵力发起进攻，另有7个师作为战场预备队。联军分几个波次实施攻击，“每个波次的士兵几乎都是肩并肩地排成整齐的队列”，“斜举着步枪，步履缓慢地行进……”。德军以平均每100米放置一挺马

克沁MG08机枪的火力密度，向40千米进攻正面上的14个法英联军方队扫射。结果一天之中法英联军(这次冲锋主要是英国军队，但索姆河战役应该算是法英联军为一方，故称“法英联军”)有6万人伤亡(也有说5万或者8万的说法)。实际上等于一个十几万人的重兵集团发起的人海冲锋，几个小时内被重机枪消灭（也许该说士兵们被己方指挥官消灭才对),史称“血的一天”。

【法国经济】

机械工业是法国工业中最重要的部门，也是近年来发展最快的工业部门之一。其产值和从业人数都占法国工业部门及其从业总数的1/3以上,产品的40%以上出口。主要部门是汽车制造、电子电器及航空航天工业等。

有人说,索姆河战役毫无意义;也有人说,第一次世界大战毫无意义。不!对于“国际债权人”来说,第一次世界大战人员、物质的损失越大、破坏越彻底,战后政府、企业、个人的借贷需求就越大,他们凭空写出的“钱的数字”就越大,对社会实体经济的所有权、财富的取得权、债务的持续控制权就越大,付出的代价不过是嘴角的微笑和几个数字。

财富之争超越道德,因为它们发生在道德标尺的另一端。

第二节 “约瑟夫·富歇私人情报体制”对法国的影响

路易十六和玛丽·安托瓦内特的女儿昂古列姆公爵夫人却记得她童年时代惊怖的景象。

她小时候，在圣克卢堡，经历了那个恐怖的夜晚，一群长挎党徒打死了司阍（高级侍从——笔者注），靴上鲜血淋漓，出现在她的父母面前。

随后，她又经历了那个黄昏，他们四人：父亲、母亲、弟弟和她——“面包师傅、其妻、其子女”全被塞到一辆大车上，随时都会被杀死，由一帮大喊大叫、如癫似狂的乱民押回巴黎的杜伊勒黎宫。

她也经历了8月10日，那一天，乱民用斧子劈开了门，冲进她母亲的寝宫，她的父亲被他们出洋相，一顶红帽子扣到他头上，一支长矛顶住他的胸膛。

她在丹普尔监狱经历过可怕的

日子和毛骨悚然的时刻，一支长矛穿着一颗血污的人头举到他们的窗口：那是她母亲的女友德·朗巴尔公爵夫人的头颅，披散着被鲜血黏成一缕缕的头发。

【法国经济】

汽车工业是法国经济的重要支柱之一，约占国内生产总值的7%。法国直接和间接从事汽车生产的人数，约占工业部门就业人数的1/5。

她的父亲后来被送上了断头台，她的小弟弟在囚室里被乱民虐待至死；她和父亲及弟弟诀别的时刻，她又怎么能忘记富歇的一群同党，戴着红帽子，日日夜夜审问她折磨她。

这是被约瑟夫·富歇砍了脑袋的法王路易十六的女儿，一段有关法国大革命中，外国银行家扶植的“约瑟夫·富歇私人情报体制”所作所为的童年回忆。

1. 被如此打击的法国皇室，也就是上面路易十六的弟弟路易十八，却在不久后任命约瑟夫·富歇为皇家警务大臣（也就是秘密警察的头子，权限极大，实际上没有任何领域不能插手），并且给他证婚。这说明，法国的秘密情报体系已经脱离了政府监管，不论是雅各宾政府、拿破仑、路易十八……都无力驾驭银行家，银行家的私人情报系统根本就不在意政府的任命和政府的更迭，权力永远掌握在外国银行家族手中。

2. “约瑟夫·富歇私人情报体制”过于强大、缺乏任何监督，凌驾于法国政府的监管能力之上，成了一个

【法国经济】

2007年，法国汽车产量301.9万辆，居世界第六位，其中小汽车占总产量的85%左右。法国有两大汽车集团——雷诺和标致雪铁龙。

国中之国，是一个非国有的、私人商业情报体制，让金融僭主体制可以秘密履行不同于“政府和选举许诺”的“商业责任”。

3．“法国大革命”建立的是金融僭主体制，而不是民主体制。约瑟夫·富歇资助了罗伯斯庇尔、扶植了拿破仑、拉回了路易十八，堪称法国大革命之父，有关民主选举的秘密，他一语中的：“要满足选民的话，无论什么都要满口承诺下来。权力与武力，最易为食言者找寻到天衣无缝的借口。”

这就是“约瑟夫·富歇私人情报体制”，也是金融僭主体制最大的危害：真世袭家天下，假民主假选择。

第三节 法兰西银行到底属于谁

(一)法兰西银行的世袭大股东

这是指1800年法兰西银行建立时的大股东(其中顶级的大股东名单),所有股东中,有约200个大股东史称"法国二百家族"。经过200年的演变,目前股东成分、股权大小已有变化。这份名单来自历史文献,可以看出神秘的法兰西银行股东原始成分和大体轮廓。

罗思柴尔德家族(Famille Rothschild)

汪代尔家族(Famille de Wendel)

路易斯·德利法斯家族(Famille Louis-Dreyfus)

斯特恩家族(Famille Stem)

斯伦贝谢家族(Famille Schiumberger)

施耐德家族(Famille Schneider)

瑞德家族(Famille Lazard)

沃尔姆斯家族(Famille Worms)

马里特家族(Famille Mallet)

霍廷古尔家族(Famille Hottinguer)

米拉博家族(Famille Mirabaud)

凡尔纳家族(Famille Vetoes)

富尔家族(Famille Fould)

大卫里耶家族(Famille Davillier)

拉斐尔家族(Famille Raphaël)

让·查尔斯家族(Jean Charles)

亨利·考斯通家族(Henry Coston)

沙瑞特家族(Famille Sarret)

梅岚瑞家族(Famille Mellerio)

忽格家族(Famille Huge1)

维亚尔家族(Famille Viellard)

泰亭哲家族(Famille Taittinger)

奥巴内家族(Famille Aubanel)

克雷德家族(Famille Creed)

柯力赛家族(Famille Griset)

莱蒙尼家族(Famille Lemoine)

(这是由网友小潘友情搜集并翻译整理的"法国二百家族"中的大家族名单,特此致谢)

(二)法国二百家族

1800年,以犹太银行家罗思柴尔德家族为首的200个大股东(小股东有几千个),后来相互兼并,也韬晦隐忍。目前实际剩下的,可能在100个上下,实际主导法兰西银行事务的"国际债权人"主要是上面这些大银行家族。这200个大股东,史称"法国二百家族",基本控制了法国的一切,直到今天。

【法国经济】

雷诺2005年产量251万辆,在国际市场占有率约4.1%,在欧洲市场占有率约11.1%,在国内市场占有率约27.2%。

第四节　法兰西银行的国有化

（一）广泛股东体制——大股东体制——国际债权人体制

法兰西银行从1800年建立后，经历了三次主导体制的变化，是资本不断凝结带来的结果。最开始是200个大股东和3000余个小股东，这些人并没有出资，而是形成了一个主导法国的金融利益集团，用“法兰西银行券”替代了金币，1分钱也没有花就成了“法郎世界的神”。虽然这是一个极少数人组成的信用卡特尔，但代表性还比较广泛，至少有一个名义的股份制，也可以转让，实际上发行银行券的机构也比较多，虽然乱了一点，但也有公平之处，这就是法兰西银行的“广泛股东体制”。

1800年以后，法国政局逐渐被外国垄断银行家族所左右，资本不断凝结的过程不是以名义股份多少来决定（拿破仑曾经将股份提高到原始股份的3倍，实际上拿破仑集团控制了法兰西银行股份的66%，有些垄断银行家族曾试图退股，拿破仑不同意。可拿破仑被银行家搞掉后，这些股份实际上就集中到了拥有最多金币的垄断银行家族手中，而不是公开转让了，这是一个典型的暗箱操作，骗局中的骗局，但骗子之间的斗争却是真实的和残酷的），而是金币说了算！所以，这就形成了一个或几个垄断银行家族说

【法国经济】

多年来，汽车工业在法国的对外贸易中占重要地位。汽车产量的70%供出口，汽车贸易连年顺差。国内汽车生产主要集中在巴黎周围地区。

了算的体制，尤其是罗思柴尔德家族，也就是法兰西银行的“大股东体制”。

1946年1月1日以后，法兰西银行名义国有化了，实际上没有什么可以国有化的——因为法兰西银行并不存在，只有一个牌子，所谓的国有化毫无意义。此时，法兰西银行券，也就是法郎的发行权由“国际债权人”主导，也就是这些年不断借给法国“信用符号”的外国银行家族主导，这种债务等同于法郎总量，法国不可能有能力偿还，法国上层（“二百家族”）全部涉足其中，法国政界不过是“二百家族”资助的一个政客群体，甚至就是银行家族，都不会提及这笔债务的存在，但却让法兰西银行从此牢牢控制在“国际债权人”手中，这就是“独立央行”体制国有化的奥秘。这样，“国际债权人”依然拥有了法国的一切财富，不停地以法郎总量为基数，通过法国政府向法国人民征收“利息”，这就是法兰西银行的“国际债权人”体制（所以，欧元不过是几个银行家族随手写出的数字和放弃法郎加入欧元“拉丁货币联盟”的翻版，国际债权人依然控制着欧元的信用，一切账目各国无权审查，法国政府的财政部都由法兰西银行控制，就不要说管理欧元了，这就是欧洲的金融僭主体制和世袭金融皇族体制）。

（二）法兰西银行国有化与神秘的法国财政稽查处

这个部门很少有人知道，从名称上看似乎也不太重要。法国学者让·巴贝在第二次世界大战以后，整理过这样一段文献：“在政府中占据最重要职位的高级公务员一般是在如下的重要部门：财政稽查处、国务会议、清算法庭、矿业联合会、土木工程部门、外交团，其中以财政稽查处为最有势力，它控制着国家的主要行政环节，涉及财政、行政和其他主要单位，如国家银行和国家保险公司，公营或半公营的金融机构（国家信贷银行、地产借贷银行、市场银行等），外交部，法国铁路公司，外汇管理处，法国电气公司，国家检查员组织，建设总稽查处，驻北大西洋机构的法国代表团等。在1952年，财政稽查处在各部中掌握了35个主管经济的单位，例如，税务局、对外财政司，预算司和国库司等。同时，有15个国营或半国营的金融机构受财政稽查处的领导，其中11个在国际机构中派有代表。这些高级公务员的忠诚可以从垄断组织选用他们的方式中看出来。选用这批人是考试的，但是长期的研读和昂贵的学费已经使许多人没有资格作为候选人。有时一种社会力量也可以在几年之内使一个小雇员的儿子成为大金融资本的忠实代理人。而大部分稽查员和许多其他高级公务员和大银行家都有家庭的联系。略举几个例子如下。

这些法兰西银行家族和垄断企业家族成员对法国重要部门的主导，法国学者让·巴贝用了一部书来研究他们的关系，主要是嫡传、姻亲和金融资本联盟（主导法兰西银行的“国际债权人家族”处于这个金字塔的顶端），三者基本是一致的和不可分的，没有银行家族血缘关系的人无法进入法国财政稽查处，但这个“独立央行”主导的小圈子，外人很难调查（除了极少数有良知和勇气的学者顶住一切压力、冒极大的风险，用一生来研究之外，它对于法国各阶层了解与不了解没有太大的实际意义，因为金融僭主体制就是家族垄断和世袭），法国政府无权管理“独立央行”的专业事务，这就是“独立央行”的奥妙所在。

【法国经济】

电子电器工业是法国战后逐步发展起来的新兴工业部门，发展速度一直很快，其中激光发生器、光纤制导系统等享有世界声誉。

第五节　拿破仑与法国金融

法国人很幸运，在国家动荡不安之际，碰到一个救世主——“战神”拿破仑。1793年6月，罗伯斯庇尔当政时，德国皇帝弗朗茨二世与普鲁士、英国、萨丁、荷兰和西班牙组成第一次反法联盟要将法国革命扑灭。当时，法国贵族残余势力引入反法联盟的英国和西班牙军队，使地中海重要港口城市土伦被英国和西班牙军队占领。整个法国震动了。同年10月，23岁的拿破仑少校发动土伦战役，率军攻下土伦，扭转了局势。第二年，他便被破格升为准将。

法国大革命后，法军开始从雇佣军转变为为国而战的公民军队。所有公民都有参军保卫国家的义务，所有的资源，包括武器装备与粮食都要优先考虑军队。所有工业生产都围绕着军队，其中军备生产由政府来组织。在这种体制下，法国军队一度达到65万人之众。但混乱的金融体系，无法保证一个健康的经济来维持如此庞大的军队。保卫法国革命成果的战争没过几年就变成拿破仑的掠夺与侵略的战争。

拿破仑凭借战功一路荣升。1796年，拿破仑担任统帅进攻意大利与奥地利军队。法军在意大利无恶不作，他们屠杀平民，强奸妇女，肆意抢劫。掠夺意大利金币则让法国人获取了巨大的战争红利。意大利人始终无法忘怀拿破仑的暴行，甚至是200多年后的今天都是如此。2004年，米兰一位官员就曾向法庭起诉拿破仑犯

有战争罪。有趣的是，拿破仑是科西嘉人，而科西嘉岛是法国于1769年从意大利人手中抢来的。拿破仑的母语是意大利语，法语一直到老都说得不太地道。法国政府的财政亏空已经让人们的信心大为动摇。如果不是拿破仑军队不断取得胜利，获取赔款和抢掠战利品来填补空虚的国库，法国革命政府可能早就崩溃了。

1799年11月9日，拿破仑发动“雾月政变”，夺取法国政权。拿破仑政权面对的首要困扰就是一贫如洗的国库。为了高效征税和发行国债，1800年2月13日，在金融家佩雷高、库尔托等人的建议下，拿破仑改组贴现银行，创建法兰西银行。

正是在佩雷高等金融家的支持下，拿破仑才得以成功发动政变，篡取政权。法兰西银行38名重要股东有20名是金融家，这些人同时又充任拿破仑政权内部的高级官员。银行由政府和私人分别投资500万法郎和2 500万法郎，其中拿破仑私人投资3万法郎。1803年，法兰西银行陆续兼并了法国最大的几家发行纸币的银行，并垄断了巴黎地区的纸币发行权。与金融家控制的英格兰银行不同的是，法国政府一开始就对法兰西银行拥有极强的控制权，可以直接任命独揽大权的银行行长。

依靠法兰西银行，拿破仑政府的税收从1804年的5亿多法郎激升到1812年的8亿多法郎，而路易十六时代的政府税收才不过3亿法郎而已。但在当时，法国信用体系仍然千疮百孔，无法像英国那样能够轻易地大举外债，拯救法国的唯一办法只有战争。大炮一响，黄金万两。据说拿破仑在进攻俄国之前曾说过:“这也会有利于我国财政。难道不是通过战争我才恢复了财政的吗？古罗马不正是这样获得了世界财富的吗？”

拿破仑采用以战养战的方针，以损害他国利益为代价来为法国谋取利益。拥有400万居民的西沙尔平共和国每年向法军交付3 300万法郎，并为法军提供总值为1.6亿法郎的军需品。西沙尔平共和国是拿破仑在意大利北部伦巴底地区建立的傀儡国。该地是文艺复兴发源地，也是意大利最为发达的地区。在法国的蹂躏下，伦巴底的经济几近瘫痪。

威斯特伐利亚是拿破仑的弟弟热罗姆统治下的德国小邦国。当地年财政收入只有3 400万法郎，为了给拿破仑凑钱，不得不变卖国家资产，还要向金融家举债2亿法郎。原本一度繁荣的威斯特伐利亚成为一片废墟。

经历同样遭遇的还有西班牙。1809年，西班牙总共提供3.5亿法郎，并且每月还要提供2 400万至3 000万法郎的军费。由此，西班牙债务由1808年的960万法郎增至1813年的8 700万法郎。为了给法国人钱，西班牙居然向法国借债1.26亿法郎。换句话说，法国人凭空变成了西班牙人的债主。

法国从普鲁士和奥地利榨取的油水最多。每年有10亿法郎的税收源源不断地流向法国。除了用作军费外，拿破仑还拿这些战争红利买国债与法兰西银行股份来控制纸币发行，稳定货币信用体系。1811年以后，这些钱还用来发放贷款以促进法国的经济发展。

在拿破仑时代，法国摆脱了大革命所带来的经济萧条，财政收支保持盈余。从1799年到1814年有价值7.55亿法郎的金银流入法国，有充裕储备作抵押的纸币开始大量流通。法兰西银行纸币发行量从1806年的6 300万法郎增加到1812年的1.11亿法郎。纸币的流通速度也在加快。纸币交易量从1809 ~ 1812年的4亿 ~ 5亿法郎提高到1810年的7.47亿法郎。

正是由于法兰西银行的建立和拿破仑的战争，法国拥有了健全的货币信用制度。几十年后，法兰西银行垄断了全法国的纸币发行权，逐渐成为整个法国金融体系的核心机构——现代中央银行。马克思曾经说过，1871年巴黎公社失败的直接原因就在于没有控制法兰西银行。可见，谁掌握了法兰西银行，谁就掌握了法国经济，也就掌握了法国的国家机器。

与法国不同的是，英国人凭借更为得力的信用体系来举借外债，全力支持英国及其盟国的对法战争。俄国卢布在莱比锡只按其票面价值的60%来兑换，俄国在荷兰欠债就高达1.32亿荷兰盾。英国不得不在1805年4月作出承诺，俄罗斯每出10万士兵攻击拿破仑就资助125万英镑。奥地利年度赤字上亿奥地利盾（18～20世纪初的奥地利货币单位）。政府债务在1798年是5.72亿奥地利盾。英国又得给奥地利补助金，还保证其在伦敦向私人金融家借款。如果没有英国的金融力量，反法联盟各国很难发动对拿破仑的战争。那么，鹿死谁手，就未为可知了。

第六节　正确看待银行家的影响

（一）法国皇族的银行家代理人身份

法国皇族，到了路易十六时期，已经彻底丧失了独立执政的能力，沦为外国银行家族的政治代理人，甚至更加糟糕。因为，法国王室不论如何还是法国的民族象征，这就让法国皇族丧失了“利用价值”，最后被银行家族抛弃。

必须要明确一个问题：法国皇族就是欧洲垄断银行家族在法国最大的代理人。他们与跨国垄断银行家族的联姻、“友谊”都是最彻底的，甚至两次公开接受了美第奇银行的“摄政”，这在古代欧洲王室中比较罕见。所以，法国王室一直支持外国银行家族在法国发行“银行券”，这实际上是一个掠夺法国的过程，他们非常清楚，却只要求分一杯羹。

这就极大地损害了法国各阶层的利益，影响了法国实体经济的发展，造成了一系列复杂和深刻的影响。法

国中下层对于法国王室的腐朽和没落，尚能勉强接受，但出卖国家利益则让人们怒火中烧，这是法国贵族在法国大革命期间，没有任何“政治盟友”的原因——他们代表着外国银行家族的利益，损害了一切法国阶层的利益。

法国王室被银行家消灭，有“换马”的性质、有“政变”的性质，但最核心的性质则是：资本兼并——法国王室占据着法国大多数财富，只有消灭了他们，才能让外国银行家族彻底完成对法国财富的垄断，从而实现金融资本对法国社会各阶层的绝对主导。银行代理人家族必然尾大不掉，银行家族又必须兼并代理人家族的资产，不断扶植新的代理人，赐予资产，又再次剥夺……这个过程不是小孩游戏，也不是故意的“残酷或卑鄙”，而是一个垄断金融资本为了维护自身资本凝结程度，而必须进行的“技术过程”，无所谓道德，银行家代理人家族是必然的“消耗品”，是垄断银行家族天然的敌人，最提防的仆人。可如果仅仅站在历史的瞬间来看这些，就会得出相反的结论。这就好比一个人站在巨大无比的地球上，不断地朝前跑，他认为自己在不断前进，周围的人也认为他在前进，可他实际上在一个圆圈上不断地重复。银行代理人家族永远也无法完成垄断金融资本所进行的资本凝结过程，却不自知，这种心理现象和历史实践在财富之争学中被称作：“代理人圆圈”。

（二）对垄断银行家族的意义

1．法国大革命确定了一些银行家族主导欧洲

这是法国大革命一个很重要的历史结果。人们常常只知道伦敦、纽约，却不理解法国才是欧洲的金融中心，直到法国成了欧元

【法国经济】

法国航空和宇航工业起步早，技术水平和生产能力均仅次于美国和俄罗斯，居世界第三位。

【法国经济】

法国不仅能造多种型号的军用、民用飞机和战术导弹，且拥有研制和生产多种人造卫星、航天设备和战略导弹的能力。

的“头脑”，人们依然不理解这一点，只泛泛地认为这是法国与美国争夺金融权力的野心。但是人们忘记了一点：纽约美联储的世袭股东摩根财团和法兰西银行的世袭股东洛希尔财团的背后，都是罗思柴尔德家族。

2007年开始，突然冒出了一个“黄金本位”的说法和欧洲传出的“世界货币”的说法相映成趣，其本质就是跨国垄断银行家族“架空—取得”各国的货币发行权，以“保持货币独立性”的“独立央行”的“思路”，把各国拥有的货币发行权，替换成一种“存储在美联储金库的黄金央行持有凭证。“本位”，也就是“国际债权人”主导的 “空气本位”(更可怕的是可能实施一段真正的金本位，也就是金币本位，但由于黄金数量太少了，必然导致全世界陷入古代欧洲的那种“金币流动性枯竭”，从而让拥有最多金币、金矿开采权的跨国垄断银行家族发行的私人“黄金银行券”脱颖而出，他们拥有的金银也会突然增值成千上万倍，打败一切国家信用支持的法币，无偿攫取世界各国的全部财富和实体经济的所有权，并

以信用供给为名义，以债务货币和“环保货币”为手段，在世界各地永远收取“垄断税”，也就是各国取得这种“世界货币”的时候欠“国际债权人”的“世界货币的信用取得数字”基数的利息，即便只有1%，1000年以后，年利息超过“世界货币”发行总量上百万倍！谁不信可以计算一下，远远不止！）。

这不过是一个每隔几十年换一个名字的老把戏，在世界财富之争中上演了许多次了……

2. 银行家族进行了一系列重大的“社会实践”，完善了欧洲古代的金融僭主体制

在“法国大革命”之前很久，欧洲就存在金融国家和金融僭主体制了，可并没有一个超越国家体制的秘密商业情报机构凌驾于国家体制之上的现象，这就是一个很大的变化。

从约瑟夫·富歇体制之后，出现了一个“模糊的国家和私人界限、模糊了情报和商业界限的私有暴力组织”——秘密银行雇佣军体制的出现。这种“新的商业情报组织”开始向司法、政府、军队、艺术、宣传等领域全面渗透，不再是欧洲古代商人情报网络“飞鸽传书”的概念了，也不同于“荷兰东（西）印度公司”那种银行武装，而是一个秘密的、跨国的、没有任何监督、没有任何约束的权力工具，只听命于跨国垄断银行家族。

3. 银行经理人阶层雇员化，银行代理人阶层政治家化，垄断银行家阶层国际债权人化，中小银行家阶层姻亲化，垄断金融资本消极化。

这些现象都是欧洲金融资本不断强大、不断成熟、不断完善的过程。财富之争学研

【法国经济】

整个航空工业有200多家企业，以法国宇航为最大。与其他西欧国家合作是法国航空工业的一个重要特征，现已制造了30多种类型的产品。主要生产中心是巴黎、亚眠、南特等。

究的是金融资本对人类社会的影响，但金融资本自古有之，并不是一开始就是消极因素，而是同时具有不同的内涵。法国大革命是古代欧洲金融资本走向成熟的标志，也是代表性逐渐减小的标志——跨国垄断金融资本逐渐独立于欧洲新兴的资产阶级，而成了一个资本孕育的怪胎。它诞生于奴隶时代，发展于封建时代，推动了资本时代，却把整个欧洲社会又拉回了奴隶时代。

财富之争上最重大，也是最不可思议的现象发生了：欧洲垄断金融资本逐渐站在了欧洲资产阶级的反面、站在了市场经济的反面，成了资本主义社会的掘墓人（这就是为什么18世纪以后，欧洲的传统保守势力、传统右翼势力、传统宗教势力都逐渐站在了反对跨国金融资本的立场上。一些18世纪工业革命催生的新兴的工业化国家，年轻的资产阶级却由于对跨国垄断金融资本的利害不了解，甚至可能妄想自己在“大树底下长成参天大树”，而成了欧洲跨国垄断金融资本的“天然盟友”，也就是新的银行代理人）。

第七节 美第奇银行与法国大革命

法国大革命的标志是“束棒”，也是文艺复兴的标志。“束棒”是古罗马时代皇帝、总督、地方最高长官、僭主等握在手里的一个标志。数量越多，表示权力越大，但能拿的人很少，有“最高权力”的含义。

束棒是捆在一起的木棍，代表团结，而斧头（古罗马用来砍头）则代表最高权力。斧头在地中海地区很早就有代表权力的意义了。在古罗马胜利游行的过程中特别勇敢的士兵也可以持斧头（但不能拿束棒），但如果成了气候，统一了天下，一般进城时，

【法国经济】

化学工业是法国重要的工业部门之一。主要部门有在本国资源基础上发展起来的基本化工和化肥工业。

要收起斧头，所以束棒也有没有斧头图案的种类。

美第奇银行被称做“文艺复兴的教父”，文艺复兴从一开始就不符合时代的潮流，而是一种复古。因为束棒代表着“死亡与权力”，故此第二次世界大战期间，德国法西斯有“骷髅师”，就是由此而来。美国学者Antony C. Sutton的金融史专著《希特勒的崛起和华尔街》(Antony. C.Sutton. Wall Street and the Rise of Hitler. USA:G S G & AssociatesPub. 1976)就是专门记录银行家对德国法西斯运动的资助和渊源，这些都有历史记录，不值得惊讶。令人深思的是:为什么人们没有听说过这些真实的历史?

第八节　聊聊财富之争

(一)不管人们如何看待明天，首先要了解历史

“法国第二央行·法国贴现银行”发行的“银行券”破产后，由外国银行家族发动了一场财富之争。这丝毫没有改变法国的政治和经济管理体制。此前法国的货币、经济、金融大权全部掌握在瑞士银行家集团手中，此后的“二百家族”(“法国第三央行·法兰西银行”的200个大股东)的代表性似乎还大一些，不过这也算不上进步，因为奥地利罗思柴尔德银行家族很快就主导了这一切——

金融资本的垄断性不是减少了，而是增加了。

【法国经济】

20世纪60年代后，以石油为原料的有机化工得到迅速发展，特别是塑料及合成橡胶最重要。

法国大革命之前法国就是典型的资本社会，之后不过诞生了一个幕后的金融皇族替代了前台的皇族傀儡，两者在世袭和垄断上，金融皇族更甚，纯粹依靠血缘，而缺乏一个贵族体制内部的选拔机制和监督机制。

法国的民族资本，包括民族商业、工商业、手工业、银行代理人家族（比如法国王室就是已经绝嗣的美第奇银行的代理人和“姻亲分支”）被外国金融资本全部打垮，所有财富被掠夺一空。此后，法国的商人、工商业者、手工业者丧失了发展的历史机遇，全部成了外国银行家族的雇员，再也没有发展起来。法国各阶层的财富，只要可以用外国银行家随意写出的“信用数字”来衡量的财富，都被广义攫取。拿破仑等向法兰西银行大肆借贷的“法郎票据”，利率4%，借到的不过是数字；法国政府发行法郎的时候，必须通过“国有化的法兰西银行”向“国际债权人”进行借贷，否则“就会引发赤字”……但实际上这是把国家的货币职权变成了银行家族的私人游戏，但这个游戏却要世世代代、利滚利的、以法郎总量为基数向“国际债权人”支付利息，这一点与欧元也别无二致，不过更加稳定罢了（因为没有货币种类减少，参照物效应就弱了，直到“超主权的世界货币”出现后，一切“主权”都消亡后，银行家就可任意滥发“银行券”，谁也无权

查账，谁也无法比较，人们会永远生活在一种银行家可以精确控制的“虚拟增长”中，乐不思蜀，无力自拔，直到人体芯片植入体系的实现，一切对银行家族来说就“完美无缺”了）！

【法国经济】

法国的石油加工技术仅次于美国，居世界第二。法国的香水和医药工业在世界上久负盛名，2000年香水和化妆品销售总额达774亿法郎，国内销售占48%，出口总额达401亿法郎，产品遍及215个国家和地区。香水和化妆品占全世界交易总额的30%。

（二）建立法兰西银行的代价

在法国大革命中，法国皇室的“暴行”，不论是否确定，最多是打死打伤了几十个冲击法国军营的“平民”。但任何一个国家的军事基地、政府机构受到冲击的时候，都会有反弹，而最大的一次“伤亡”，竟然是由现代共济会成员拉法叶侯爵（1757.9.6—1834.5.20）制造的（他亲自下命令朝人群开火，据说是“捉拿暴徒和刺客”），大约伤亡50人左右（据说是被秘密囚禁的路易十六在幕后操纵，史称“火神场大屠杀”（1791.7.17），这是“法国保皇派”的重要罪证之一，后来拉法叶几乎全家被失控的现代共济会成员罗伯斯庇尔杀光，但罗伯斯庇尔等人很快被送上了断头台，幕后操纵者就是资助他并扶植他上台的约瑟夫·富歇），可拉法叶侯爵果真是“保皇派（君主立宪派）”吗？（拉法叶侯爵朝路易十六开了第一枪，仅此而已。罗伯斯庇尔不会不了解这些，以此为罪证杀了同为共济会成员的拉法叶侯爵一家，说明他失控了而且

【法国经济】

格拉斯、里昂、巴黎是生产香水的三大中心。化学工业的最大中心是巴黎，其次为里昂、洛林、南锡。南部地中海沿岸的马赛和福斯是新兴的石油化工中心。罗讷·普朗克公司是法国最大的化工企业。

野心膨胀……

反观外国银行家在法国掀起的财富之争，公开砍头的、有案可查的数以万计，实际上到底死了多少人无法确定，法国民族工商业者和传统贵族阶层基本被约瑟夫·富歇资助的雅各宾政府消灭了，然后约瑟夫·富歇扶植拿破仑上台，建立了法兰西银行。当拿破仑试图独占法兰西银行时，约瑟夫·富歇搞垮了拿破仑，软禁了他，然后有人用砒霜毒死了他（这是根据拿破仑留下的头发进行现代刑侦鉴定得出的可靠结论）。约瑟夫·富歇又把路易十八扶上了法国的宝座……此时，雅各宾集团除了约瑟夫·富歇硕果仅存，已经全部消失了（因为这个集团里面有许多法国中下层的激进的民族工商业者，外国银行家集团是不能容忍任何“民族”概念残存的）。

法兰西银行建立的过程，是血腥的和残酷的，法国的权力从瑞士银行家集团转移到了奥地利银行家手中（这是拉法叶全家被杀的原因之一），法国民族资本再也没有发展起来，甚至从此消失了。

直到今天，法国所有的经济命脉都控制在“二百家族”这些

“银行大股东”手中。他们在1800年,大部分不是法国人(大股东则全是外国银行家族,当时主要由奥利银行家罗思柴尔德与瑞士银行家伊萨克·潘乔德两派控制。各种迹象表明,罗恩柴尔德家族依托强大的黄金储备,用金本位打败了其他家族,逐渐占据了主导地位。不过这并不是一帆风顺的事,但直到法兰西第三共和国建立,银行家内部的争夺基本以奥地利银行家族的胜利告终),利润和资本不断地外流,虚拟经济的膨胀和实体经济的外资化导致法国此后逐渐丧失了欧洲第一实体经济强国的地位,德国的时代开始了!

一句话:法国财富之争,竟然是由外国银行家族而不是由法国人书写的,这值得后人深思……

第三章　法国银行家的崛起

一个英国银行家，跨国控制了法国的信用，就等于外国银行家族拥有了一切可以用这个信用来衡量（也就是购买）的法国财富，而“抵押品”却是法国政府的信用和法国人民的劳动，这不是一场荒唐无比的闹剧吗？如果此时法国政府开始发行法币利弗尔，则可以一举归还一切债务，然后通过纸币利弗尔的有计划贬值，逐渐在一个新的兑换率上站住脚跟，然后法国经济就能飞速地发展起来，纸币利弗尔也会有足够的硬币支持。

财富小百科

每个人都希望过去的创富经验能帮助自己解决目前的创富难题。然而，如果你曾失败过，现在你还愿意把“失败者”的标签贴上身吗？你还会相信命运是公平的吗？或是你仍然怀疑别人都在排挤自己，你怀疑自己的工作能力，还是对于某件事执意坚持自己是对的，一味认定别人是错的？

启发生命新契机，莫要再屈从“本我”的摆布而画地为牢。只要决心突破加之于己的限制，自然能拓展创富活动的空间，破除不切实际的期待。不然，一味原地踏步，等到梦醒，只有无限的失望和伤怀。切记，要选择轻盈自在的创富道路。

当你的心不再暗暗嘟囔“别人应该对我如何如何时”，便已摆脱“本我”的控制，重新取得了主动出击的地位，将使创富活动更加绚丽多彩、硕果累累。

第一节　独立央行与货币发行权的秘密

（一）法王路易十四被银行家打败了

法国国王路易十四（1638.9.5—1715.9.1），史称“太阳王”，是法国历史上的一代明君。可以说他毕生与银行家进行殊死的斗争，但他死后却留下了一个法国建立“独立央行”的“必然性”。这么说不是很矛盾吗？路易十四又犯了什么错误，导致了这个可怕的后果呢？

1．“独立央行”的惨痛后果——法国主权的丧失

古代欧洲，各国普遍有完善的金融、财政管理体系，根本就不需要建立一个“独立央行”，更不需要由政府信用作抵押，由“独立央行”发行纸币来“弥补财政赤字”（这是当时欧洲各国建立“独立央行”的“普遍性理由”，但荒谬的问题在于：各国政府既然用政府信用，也就是税收抵押，为什么不自行发行纸币，而要求助于“国际债权人”呢？这是如假包换的财富之争，而不是正常的资

本逻辑)。

【法国经济】

纺织服装业是法国的传统工业部门,目前在世界上仍处于领先地位,以产品的创造性和高质量在国际市场上享有较高声誉。

欧洲各国的独立央行系统一直由独立央行董事会管理,这些董事会又由跨国垄断银行家族的历代金融僭主幕后实施管理,金融僭主以“国际债权人”的模式管理并拥有着欧洲各国的独立央行和“政府货币”,实际上也就拥有了一切“信用符号”,成了“钱的世界”的神。

一个古代欧洲国家一旦建立了“独立央行”,也就丧失了一切货币、金融、财政、经济的主导权,国家的主权也就逐渐丧失了,逐渐由跨国银行家族主导,成了一个听命于金融僭主体制的“前台政权”。这就是“独立央行”制度的危害和可怕所在。

2. 路易十四犯的第一个错误:盲目抵制新生事物——纸币

路易十四作为一个深谙金融风险的法国君主,他动用国家政权,坚决地打击跨国金融资本,但却没有意识到他自己正在重复

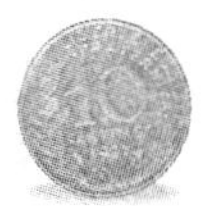

一个古罗马君主重复过的致命错误——“通货紧缩型金融危机”，这是由银行家蓄意制造的一个历史性的骗局，对欧洲古代影响巨大，意义深远。

法国使用银币和金币，但主要的交易媒介是银币。但白银的总量有限，又被银行家垄断，法国经济发展缺乏足够的虚拟信用符号，结果就陷入了经济危机。此时，路易十四犯了第一个严重的错误，他排斥国际银行家族对法国的主导是对的，但法国此时最需要的是以政府信用为依托，以强制推行为手段，发行纸币信用来缓解“隐性通货紧缩型金融危机”。但路易十四过度反感银行家族的一切“发明”，没有弄懂一个“为我所用”的问题，让法国经济陷入了一个要么对外发动战争取得白银输入，要么经济受限于金属币总量而陷入停顿或衰退的两难局面。

3. 路易十四犯的第二个错误：用债务弥补赤字，落入了银行家的债务陷阱无力自拔

路易十四去世的时候，嘱托后人“不要像我那样乱花钱”。这说明路易十四虽然已经认识到，法国的经济危机已经铸成且不可逆转，但到死也没有认识到法国的债务危机具有必然性——也就是说，只要实施金属币本位，就必须不断地借入金属币来弥补经济增长所需要的货币缺口，否则就要陷入通货紧缩。所以，这种债务具有不可避免的特征。法国路易十四时期的财政状况特别的好，甚至还有盈余。但法国政府每年却必须向国际银行家族借入0.87亿利弗尔来支付利息，这个利息又在下一年转变成了新的债务，其规模已经逐渐逼近法国政府的年财政收入。此时，法国政府成了欧洲跨国垄断银行家族向法国各阶层收取“垄断税”的傀儡，金融僭主体系成

【法国经济】

纺织服装业占法国民生产总值的5%，雇员占全国就业人口的10%。过去以生产毛、棉、丝织品为主，曾与英、美一起，成为世界三大毛纺国。

【法国经济】

20世纪70年代后，化学纤维工业发展迅速。纺织业主要分布在北加来、罗讷—阿尔卑斯、香槟和洛林地区，这些地区约集中了法国全国纺织从业人数的60%。

功地发动了一场典型的“高利贷财富之争”，摧毁了法国的金融与财政平衡，凭空主导了一切财富和权力。这种财富之争在当时很常见，并且非常“单纯”，就是银行家族依靠白银和黄金的贵金属垄断，制造欧洲各国的通货紧缩，然后逐年借贷，提供信用，让各国逐渐陷入银行家族的债务控制，然后他们就提出“新的建议”——建立“独立央行”体系。

所以，路易十四被跨国银行家族打败了，而且自己一直没有弄懂这是怎么回事。他误以为通过节俭可以减少债务压力，可节俭只会导致法国出现更加严峻的“通货紧缩型经济危机”，选择增加债务则至少可以避免眼前出现政治危机，这就是债务不断增长的肮脏秘密。

（二）英国银行家约翰·劳在法国建立了独立央行和债务货币体制

一个英国银行家，跨国控制了法国的信用，就等于外国银行家族拥有了一切可以用这个信用来衡量（也就是购买）的法国财富，而“抵押品”却是法国政府的信用和法国人民的劳动，这不是一场荒唐无比的闹剧吗？

1．法国政府是不是被欺骗了呢

英国银行家约翰·劳并没有欺骗法国政府，恰恰相反，约翰·劳很有可能坦率地与法国政府中所有有价值的人有过一番直截了当的长谈，其内容就是“出卖法国民族利益，换取个人利益”。具体来说，如果此时法国政府开始发行法币利弗尔，则可以一举归还一切债务，然后通过纸币利弗尔的有计划贬值，逐渐在一个新的兑换率上站住脚跟，然后法国经济就能飞速地发展起来，纸币利弗尔也会有足够的硬币支持。

这个贬值只要有90%，就足以应对一切问题了。事实上此时法国利弗尔（古金属币法郎）的含金量是3.88克，1928年6月由国际银行家建立的股份制银行——法国第三个独立央行“法兰西银行”发行的纸币法郎的含金量只有0.0655克。

这就告诉我们：法国货币发行权被外国银行家族主导以后，这个所谓的“法国法郎”一直在持续贬值，并没有真正做到坚挺，贬值所带来的“财富转移效应”，让国际银行家族逐渐垄断的法国的核心产业，却没花一分钱（法国的债务再也没有减少过，直到今天）。

但如果勾结国际银行家约翰·劳建立一个“股份制独立央行”，发行纸币法郎的“空前利润”，就可以由“董事会的世袭股东”永久分享了，这就是英国银行家约翰·劳一举控制了法国信用的秘密——不是欺骗，而是“坦率”。

这个出卖了法国民族利益的小集团都有谁呢？这是欧洲古代财富之争上，颇耐人寻味的一幕。

名单应该包括：法国诺法耶公爵（法国财政理事会负责人）、法国摄政王奥尔良公爵和另外两个神秘人物，身份不详。因为在1715年10月法国政府秘密成立了一个特别理事会，经过秘密投票，有4票赞成、8票反对组建由外国银行家约翰·劳控股的央行计划。

这说明当时法国政府上层对“独立央行”这个问题是清醒的和反对的。但1716年5月，法国政府特别理事会依然秘密通过了由外国银行家族控制法国信用供给的秘密计

【法国经济】

法国服装业生产的特点是设计电脑化，生产自动化，积极采用先进技术，劳动生产率高，做工精良，产品在国际上声誉好。服装业是雇佣女工最多的行业。巴黎是设计和精制各种时髦服装的国际中心。法国每年出口服装近20亿美元。

划。法国第一个独立央行“法国通用银行”（也就是后来的“法国皇家银行”）在1716年6月敲锣打鼓地开张了！

2．“法国通用银行”和其所发行的“法国法郎”的性质

如果仅仅是跨国银行家族私自铸造一些法郎金属币，只能说法国财政虚弱，而不能过分谴责银行家族。为什么说这一纸协议是肮脏的卖国条约呢？主要表现在这几个方面：

【法国经济】

法国是欧盟最大的农业生产国，自1969年实现了农牧业产品出口大于进口的转折以来，农产品出口一路扩大，至1979年，成为仅次于美国的世界第二大农产品出口国，其出口额占世界市场的11%。

（1）法国政府从此丧失了金融、货币、预算、财政权力，跨国垄断金融资本一举夺得了法国的最高权力，英国银行家约翰·劳不仅是“法国第一央行·法国皇家银行”（原法国通用银行）的行长，还兼任了法国的财政部长，并且通过“法国东印度公司”（1664—1769）和“西方公司”（1718—1720）等特许公司，“合法”地控制了法国的海外领地，并拥有了军事权、铸币权、贸易权、征税权等一切特权，架空了法国政府。

（2）英国银行约翰·劳把“社会信用”天才地变成了一种“商品”予以操纵和控制，并组建了一个金融卡特尔专门以此牟利，这就是“法国第一央行·法国通用银行”。

（3）“法国通用银行”发行的法币利弗尔，之所以开始被法国和欧洲等地的人们接受，绝不是由于英国银行家约翰·劳这个被判绞刑后神秘越狱的罪犯有多么高明的手段和信誉，而是这些“纸”，附着了法国政府的信誉和法国各阶层的税收担保。

换句话说，法国政府根本就不需要建立一个外国银行家族控股的“独立央行”来发行法国法郎，只需要自己国家

的财政部予以发行即可。

唯一的不同在于：法国政府发行货币是法国各阶层受益，“法国通用银行”发行货币是这个“跨国股份制金融卡特尔”的世袭股东个人受益。

对于约翰·劳代表的欧洲跨国垄断金融资本来说，这是一场针对法国的财富之争，对于法国政府中参与这个“法国通用银行”筹建的世袭股东，则是联合外国银行家族，出卖法国主权和法国民族的根本利益。

(4)“密西西比泡沫”导致了法国经济、金融、社会的总崩溃，后果严重，影响极为深远，对法国民族经济的打击是致命的，法国民族经济从此一蹶不振，再也没有恢复起来。

(5)参与建立“法国通用银行”的人们对此事的意义和内涵，均一清二楚。

3．通过一个事件看当时法国人民、法国社会是如何看待英国银行家约翰·劳和法国皇家银行的

银行家约翰·劳在1718年实际上把“西方公司”(北美第一家独立央行，独家控股，包括他的兄弟、银行家理查德·坎蒂隆和一些“法国通用银行”的股东)和法国皇家银行(他将“法国通用银行”改名为“法国皇家银行”)实际上进行了改组合并，建立了人类历史上第一家跨大西洋的独立央行系统，相当于美联储和欧洲央行合并后的机构，所以他的确是一个

“预言家”。

【法国经济】

现在，法国又提出要建设一个兼顾经济、环保和社会效益、可持续发展的“多功能”农业。

“由于社会动荡的不断升级和反抗的威胁，仅仅过了一个星期，到1720年5月27日，皇家银行暂停支付金属硬币，而约翰·劳也被解除了职务。

然而，这天晚上，大公派人去请约翰劳，他从一个秘道进了王宫。大公竭尽所能地安抚约翰劳，说约翰劳这次成为众矢之的，被民众憎恨，是如何不公平。

过了两天，大公邀请约翰劳去歌剧院看演出，约翰劳还带着家人一起来，好让每个人都看到他们一家人和大公在一起。但是，这对约翰劳来讲，几乎是一个致命的错误。他的马车刚到家门口，就遭到了民众用石头进行的袭击。车夫驾着车迅速躲进了大门，佣人随即把门“砰”地关上，约翰劳才免遭皮肉之苦。约翰劳受了惊吓之后，大公派了一队瑞士卫兵日夜驻扎在约翰劳的宅子里。即使这样，劳还是感觉不安全。很快，他搬进了王宫，和大公享受同样的保护。”

法国各阶层在1720年已经明确地看到了英国银行家约翰·劳建立了“法国第一央行·法国皇家银行”（原“法国通用银行”和“西方公司”的混合体，实际是两个皮包公司）和其所发行的法国法郎的真实含义！财产被剥夺一空的法国各阶层愤怒到了极点，大公（也就是掌握当时法国实际政权的法国摄政王奥尔良公爵）却把英国银行家接进了王宫，“和大公享受同样的保护”。

这说明了一个问题：“法国皇家银行”、“西方公司”的总破产，也就是历史上臭名昭著的“密西西比泡沫”并没有让世袭股东们受到实际的损害，他们不但不恨英国银行家约翰·劳，可能还感激不尽！

因为，法国各阶层固然被外国银行家族发动的财富之争洗劫

【法国经济】

战后法国农业迅速发展的主要原因是:在政府大力干预下,实行土地整治,改变小农生产结构,增加投资,对出口农产品给予补贴,对作物进行合理布局,发展农工商综合体等。

一空,举国声讨,但“法国皇家银行”的董事会成员从此富甲天下,用银行家吃剩的“法国经济的尸体残渣”填饱了肚皮,从此成了欧洲跨国垄断金融资本中的“富裕的龙套阶层”,大公才把外国银行家约翰·劳奉若神明,恭敬备至,就像对待财神爷一般。

这肮脏、荒诞的一幕,是欧洲古典财富之争中上演了无数次的戏码,令人欷歔不已。

这些“外国银行家族”在此后的时间中,逐渐被清理和消灭,最终没有留下什么痕迹……

(三)“法国第一央行”的“破坏者”是谁呢

首先,是不是有“破坏者”,或者说他们是不是叫作“亲密战友”,都是很难确定的事,因为我们不知道约翰·劳背后的欧洲跨国银行家族究竟是如何计划的。

“有兄弟俩:鲍登与拉·理查蒂埃尔,开始悄悄地到皇家银行

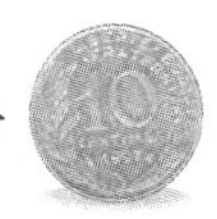

去兑换纸币，每一次兑换的数额都比较少。他们还开始尽量收购白银与珠宝，并且把白银、珠宝和硬币一起秘密地运到荷兰与英格兰。一位成功的股票交易商沃默雷特也完全卖空了股票，把价值100万利弗尔的金属硬币装进了马车。他在上面覆盖了干草与牛粪，自己假装成农夫，驾着马车跑到了比利时。”

从这件事，人们可以看出不论是谁制造了“密西西比泡沫”，炒作和摧毁法币利弗尔的欧洲银行家族早就开始“用纸换金”的游戏了。

在整个“密西西比泡沫”中，唯一有能力的破坏者，或者说“破坏动机”恐怕来自对银行家约翰·劳在“西方公司”的绝对控股的地位。

这实际上是北美第一家独立央行，约翰·劳和他的兄弟们的控股行为，可能失去了欧洲跨国垄断金融资本的支持，但不能说他们从此决裂了，事实可能相反：是约翰·劳变得理智了。

（四）“法国第一央行·法国皇家银行”失败了吗

对于银行家约翰·劳来说，“密西西比泡沫”是一个不朽的失败，这是一个过早出现的历史产物，是对历史的一次预演。约翰·劳不仅没有失败，还成功地建立了“法国第一独立央行·法国通用银行”、“北美第一独立央行·西方公司”、“跨大西洋独立央行·法国皇家银行”，这3个金融卡特尔的概念，在之后的几个世纪中，除了第三个概念（即“跨大西洋独立央行”尚未“再次”实现），都已成为了铁一样的现实。

欧洲跨国垄断银行家族通过制造“密西西比泡沫”不仅取得了天文数字的财富，完成了以后建立法国第二央行（“法国贴现银行”）和第三央行（“法兰西银行”）的资本凝结，还得到了最

> **【法国经济】**
>
> 科技兴农政策的实施，是法国农业走向现代化的又一决定性因素。

为宝贵的经验。

银行家约翰·劳更是个天大的赢家,他从此富可敌国,不久宣称“病死”,永远地销声匿迹了,天文数字的财富,也随着他的“去世”变成一个永恒的谜(由于约翰·劳的“病故”,英国对绞刑逃狱犯的通缉,永久地消失了)。

(五)“法国第一央行”的历史价值和地位

1.“法国通用银行”的建立,标志着法国金融僭主体制得到了巩固和加强,由于法国在欧洲的中心地位,让整个欧洲都受到了巨大的影响,奠定了欧洲垄断金融资本在欧洲的权力基石,欧洲大陆的金融贵族体制,逐渐走上了历史舞台,渐入佳境。

2.“法国通用银行”和“法币利弗尔”都是由外国银行家在法国建立的金融卡特尔,用于转移法国各阶层的财富,这种“成功”,标志着法国统治阶层不再代表法国民族资产阶级和传统贵族的利益,出现了跨国化、金融贵族化的趋势,与欧洲银行家族合流了。

3.“法国通用银行”和法币利弗尔自始至终都是一场赤裸裸的骗局,但法国各阶层无可奈何,除了愤怒,只能悲剧性地接受和默认。

这说明在那以后的一个历史时期内,金融贵族处于上升阶段,其消极面虽然已经损害了欧洲实体经济的发展,但还没有发展到足以损害金融僭主体制本身稳定的地步,一直处于上升阶段和健壮期。

4.“法国通用银行”和法币利弗尔直接导致了“密西西比泡沫”,完整地展现了一个跨国股份制金融卡特尔发行的“债务货币”的全过程和必然的“归宿”。

【法国经济】

法国耕地面积为2766.8万公顷,森林面积1630万公顷,覆盖率30%,居西欧国家之首,是西欧农林土地面积最大的国家。

这是世界财富之争上独一无二、无可替代的一笔宝贵的财富。

“密西西比泡沫”把一个“独立央行”如何“建立”,如何“财富转移”,如何“信用破产”的数学模型粗糙地留在了历史的烟云中,人们可以选择忘记,但历史老人告诉我们:看,它就在那儿。

(六)利弗尔的概念

利弗尔这个概念,与“荷兰盾”有类似的地方。利弗尔在不同历史时期,有不同的含义。

不能简单地说,利弗尔是金币还是银币,更不能简单地确定利弗尔的价值。

在世界财富之争简史中,为了便于衡量,一直强调利弗尔的“含金量”,也就是3.88克。但这是一个约翰·劳时期的概念,不等于利弗尔的全部含义。

大体来说,利弗尔可以看作法郎,利弗尔本身有金币,也有银币,由于金银在法国历史上是互换的(但这种互换由于成色和不同地区的问题,又常常是脆弱的和不稳定的),所以并不影响人们的使用(因为实际影响较大的是后人对不同历史时期,不同币种的实际价值的考证,而使用某种利弗尔硬币的人们则根本不需要考虑这些琐碎事,这很有趣)。

利弗尔最开始是白银的重量单位,大约为340.2克白银(12盎司,或称1磅),所以是一个特制白银的重量单位。这个单位的原始发音在拉丁语中是“Libra”,在演变中出现了不同。

在英国“Libra”就成了“英镑”,在法语中就等同于“法郎”,在意大利语中就

【法国经济】

农业在国内生产总值中的比重仅为4.8%,从事农业的人口107万。法国农业的现代化水平高,早在1970年,农田耕作就已全部实现了机械化。

是“里拉”，在德语中就是“马克”。

所以，利弗尔和荷兰盾一样，一直是一个不确定的笼统概念，必须联系具体交易、具体时间、具体国家来看待，否则很难得出一个准确的价值定义，但这两个概念常被胡乱使用，甚至把不同历史时间、不同国家的商品统一用利弗尔与荷兰盾来衡量，并以此考证出某种结论，这是有待商榷的。

很显然，虽然利弗尔的初始意义为“1磅白银”（约340.2克），但古代欧洲各国的货币很显然具有不同的“含金量”（各国货币的实际价值变化就更大了，绝对不再是“1磅白银”）。

这里不讨论其他国家，单就法国而言，由于“威尼斯银行家”发行的3种“3.5克重的纯金金币”对欧洲具有决定性的意义，故后来者常需与其保持“兑换性”。

所以，法国的利弗尔，也就是法郎就被定义为“约等同于3.88克黄金”（这里看似有所差别，但古代纯金币的弊端，也就是太“软”的问题，让后来的金币含金量有所下降，故“3.5克”和“3.88克”基本可以看作是一个含金量导致的问题，甚至可以由此大致推算出后期法国金币的实际成色）。

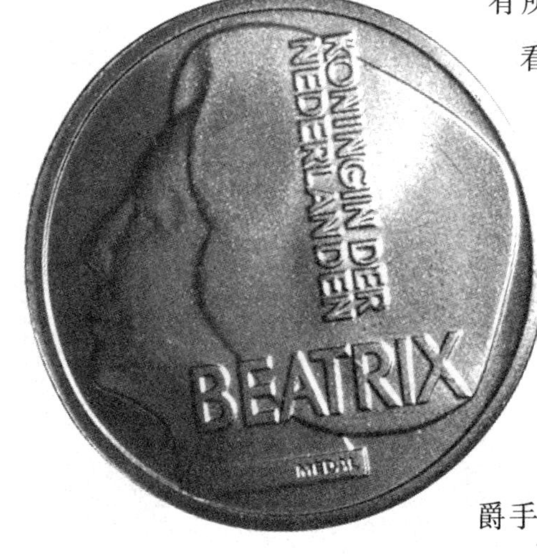

法国古代因图尔地区的圣马丁修道院最先铸造过名称为“利弗尔”的银币，因此该货币又被冠以“图尔利弗尔”或“图尔锂”的名称。

1203年法国国王腓力二世从安茹伯爵手中夺取图尔后将该货币推行到自己的

领地，但这不等于说利弗尔就是银币，却可以说“利弗尔就是法郎”。

【法国经济】

现在，法国农业生产的自动化、现代化水平及集约化程度，均居世界前列。法国农业实行多种经营，已形成畜牧业和种植业并举，经济作物和园艺作物都发达的现代化农业结构。

在约翰·劳时期，利弗尔实际上是等同于3.88克黄金的金币或银币，甚至仅仅是白银或黄金本身。所以利弗尔实际上可以看作是法郎，而法郎不同时期的“含金量”又有所变化（如果用白银来表示，又必须考虑不同时期的金银兑换比率，不能一概而论）。

为了让尊敬的读者对于利弗尔这个常用的法国货币概念有一个大致的“兑换概念”，下面列出一个简易的“法国古代货币兑换式”：

1．1利弗尔≈1法郎（银币）≈20苏（铜币）

“苏”在著名的法国电影《悲惨世界》中，使用很广泛。1795法

国规定1利弗尔等于1.0125法郎，故这个概念对于普通法国人很难区分。

【法国经济】

法国畜牧业非常发达，在农业总产值中占一半以上，以养牛业、养猪业最重要。2004年，法国牛的存栏数为1918.7万头，居西欧第一位。

2. 1利弗尔≈1皮斯托尔（Pistole）金币（在一些时候，一些地区）≈16苏

由此可以看出，说利弗尔是金币、银币都对，这一点与荷兰盾非常类似（但在某个特定时期，它们又有特指，并不模糊）。

3. 1个苏（铜币，Sols）≈12丹尼尔（铜币，Denier）24里阿尔（铜币，Liard）

4. 1金路易（即所谓的“金法郎”，Louis d’ors）≈12～20利弗尔（18世纪因大量美洲白银流入，法郎银币贬值，1金路易≈24利弗尔）

5. 1大埃居（金币，Gros Ecu）≈6利弗尔+12苏

上述“兑换”仅仅是一个极其笼统的参考值，甚至不应该列出这样一个“兑换式”，因为法国历史上“金银铜”三者的兑换率就一直在不断变化，这种固定的“兑换率”本身就不能与历史吻合。但这个列表可以简单直观地给出一个大致的“法国古代硬币兑换率”的概念。

对于法国财富之争上的一些事件的描述和“大致估价”是有很大帮助的，故思虑再三予以列出。

【法国经济】

养牛业集中在西北部和北部的凉爽湿润地区，其次为中央高原及南部地区。

但请尊敬的读者一定要具体考证每一笔法国古代交易，而不能简单地看到某种硬币的名称，就根据上式得出准确的估价。

一般来说，在1个数量级的误差范围之内，这个兑换率大抵无误，在25％的误差范围内，这些可以大抵看作是约翰·劳时期的产物。

第二节 银行家约翰·劳是一个“骗子和预言家”

（一）银行家约翰·劳与虚拟经济

虚拟经济自古存在，是实体经济的货币反映，并没有什么特殊，也根本就不需要专门研究，更不需要创立虚拟经济学来独立研究。道理很简单：在那些时候，根本就不存在于独立于实体经济的虚拟经济。单纯从理论来说，英国银行家约翰·劳代表着一个“欺骗理论体系”的建立，是欧洲古代跨国垄断银行家族服务于金融僭主体制的一个“财富转移理论”。

1.其目的有三：

（1）巩固世袭银行家族在欧洲各国的金融僭主体制。

（2）把垄断银行家对欧洲社会各阶层的野蛮的抢劫合法化、理论化。

（3）让古代欧洲各国政府的税收机构演变为银行家族的驯服工具。

欧洲古代的跨国垄断银行家族要想实现这一切，必须凭空创造一个可以用毫无意义的虚拟数字来表示的“虚拟经济”，这是一个独立于实体经济，主导实体经济的资本怪物，银行家族世世代

代主导着虚拟经济,也就拥有了一切实体经济的所有权。

这个所谓的“国际债权人控制的欧洲虚拟信用供给体系”从一开始就是一个骗局,就是一次抢劫,就是一个垄断金融卡特尔,就是一个非市场经济的闹剧。一句话:银行家创造的近代虚拟经济是一个跨国的财富转移体系,持续剥夺着所有人的财富和劳动,却合法和不为人察觉,且能制造持续的繁荣——虚拟增长。

这一切在物理世界是不存在的,实体经济无法创造,必须由虚拟经济来实现,由统计数字来证实,但一切都不过是数字游戏,如果我们不称之为骗局的话。

2. 约翰·劳的信用理论与虚拟经济

约翰·劳坚持社会需要更多的货币和有活力的银行与失业做斗争。随着1621年哈维发现了血液循环,约翰·劳和许多其他人论证说信用就是社会的血液。他在《货币与贸易论——建议向国家供应货币》(1705)一书中断言:“当血液不在全身循环时,身体就失去活力,当货币不循环时也会产生同样后果。”(哈辛,1928年,第746页)“随着货币的增加,易货贸易的缺点和不便就又消除了;穷人和闲散人员就被雇用,更多的土地获得耕种,生产增加,制造业和贸易得到改善,有土地的人生活得更好,人们对有土地的人的依赖减少了。”

欧洲历史上这个臭名昭著的“跨大西洋独立央行的董事长”、“私有货币的发行者”、“密西西比泡沫的始作俑者”垄断银行家约翰·劳这段华丽而又苍白的诡辩,一直以不同形式不断出现在西方经济学中,忠实地履行欺骗和误导的任务,因为学习这些经济学

【法国经济】

2004年,养猪1519万头,养猪较普遍。2004年,法国肉类产量631.9万吨。现法国农畜产品中73%以上经加工后出口。

理论的人们早就忘记了“密密西西比泡沫”就源自这些“理论”。这段话华丽无比，却空洞无物，是充满了自相矛盾的谎言。约翰·劳所谓的“信用”（货币供给）最根本的骗局在于：约翰·劳把“纸币信用”与“国家和人民”分割开来；把货币制造的虚拟经济从实体经济中割裂出来，似乎可以独立创造财富了。这是马克思评价约翰·劳是一个“骗子和预言家”的根本原因——欧洲的跨国资本从此摆脱了为了取得剩余价值而不得不做的“麻烦事”（实体经济的生产），只要拥有货币就可以从货币数字直接生产出更多的货币数字，这个“狂想”终于实现了，至少有了理论基础。

虚拟经济不能创造任何财富，创造财富的永远是实体经济，离开了物理世界的货币信用符号永远只是“银行家的狂想”。约翰·劳疯狂地制造了几十亿利弗尔的“货币信用”，不仅没有带来法国的繁荣，却让法国经济、财政全面崩溃，这些由央行发行的法币利弗尔分文不值，成了一堆废纸（大多数只是法国人民银行账户上的一堆数字和脸上的泪水）。

银行家用各种高等数学来证明虚拟经济的伟大贡献，证明国际债权人理论对法国经济的贡献，但结果却是法国财富被“国际债权人”发行的纸币利弗尔抢劫一空。人们虽然不懂那些高等数学和神秘的统计学数字，但却知道经济崩溃了，自己一分钱也没有了（那些数字利弗尔、虚拟利弗尔没有了任何意义）。

3．“密西西比泡沫”一直被持久误导和掩盖的深层次原因

英国银行家约翰·劳和另外一些银行家制造的“密西西比泡沫”从约翰·劳时期就被银行家族拥有的大学、媒体宣传成一个“股市泡沫”，但这根本就是一个骗局。

【法国经济】

鹅肥肝是世界公认的美食，是欧美等发达国家上流社会的一道名菜，自16世纪起即成为法国饮食文化的代表。全世界每年需求鹅肥肝1.5万吨，80％产自法国。

约翰·劳的“西方公司”不是独立存在的，而是与“法国第一央行·法国通用银行”合并后，建立了世界第一个跨大西洋私有央行体系“法国皇家银行”，其货币就是纸币利弗尔，即纸币法郎。所谓的“密西西比泡沫”是欧洲银行家在北美，乃至世界建立央行体系的一次尝试。“法国皇家银行”和“美国联邦储备银行”没有任何不同，唯一的差异是：美联储实施的是金块本位，法国皇家银行实施的是金币本位，这两者有着本质的不同——“金块本位的实质是纸币，金币本位的实质是黄金”。但很显然，“金币本位”很难不出问题，约翰·劳就是银行家的前车之鉴。

【法国经济】

种植业是法国农业的主体行业，主要包括粮食作物、经济作物及蔬菜、水果等园艺产品。

所以，“密西西比泡沫”必须被宣传为一个“股市泡沫”，而且似乎是约翰·劳个人所为。但实际上，这是一群银行家和古代法国的金融官员和权贵联手制造的一场针对法国各阶层的洗劫。约翰·劳在这里不过是一个龙套而已，他被去世父亲的银行家朋友们所利用，也自甘被利用，实施了这次具有划时代意义的“央行行动”，他几乎成了“钱的世界”的主人。

（二）“货币信用”永远是数字符号，而不是经济本身

1. 银行家约翰·劳在法国发行的纸币利弗尔不过是一些数字，其依靠法国人民和政府提供信用，却由一个英国银行家掌握“创造的特权”，这本身就是一个责权不对等的骗局。

2. 独立央行制度荒谬地提出了“独立”，“国际债权人”似乎是一个纯洁无比的“世外仲裁者”，而实际上不过是把法国的一切财富凭空交给了几个世袭的外国银行家。独立于法国人民却毫不吝惜地使用着法国各阶层和政府的信誉，这就是“法国皇家银行”骗局的实质。

【法国经济】

2004年，法国粮食产量为6968万吨，居西欧第一。当年小麦产量3964万吨，占粮食总产量的56.9%。玉米产量1575万吨。小麦和玉米产量均居西欧第一、世界第五，二者约占法国粮食总产量的80%。

3.“货币信用”由银行家约翰·劳始，突然衍生出了一系列含义：虚拟增长、虚拟利润、虚拟交易，一切都可以用虚拟的数字信用符号来表示、交易、定价和存储，但一切都成了虚幻的泡沫。约翰·劳可以任意发行纸币利弗尔牟取暴利，但这个被滥发的纸币利弗尔必然有崩溃的一天。道理很简单：数字符号本身仅存在于人们的头脑，不作用于物理世界。约翰·劳留下了20亿利弗尔的数字信用，却不可能凭空创造出等量的黄金和白银，这就是“密西西比泡沫”破灭的根本原因。

4. 英国银行家约翰·劳没有给法国带去任何东西，仅带去了一个金融战骗局，留下了一片废墟。通过这次财富之争，“国际债权人”从法国经济中抢劫了10亿利弗尔以上的财富，法国经济一直动荡不定，法郎也一直处于不断的贬值状态，直到第二次世界大战。

第三节　威尼斯银行家与法国银行业

(一)法国金融资本的由来

在《水城的泡沫——威尼斯财富之争》中,作者曾经详细地介绍了美第奇银行与法国的密切联系,或者干脆说在法国摄政更为准确。但这种金融僭主体制也埋下了欧洲大陆,尤其是法国反对金融资本的种子。法王路易十四对于金融僭主体制深恶痛绝,只是后来战争频繁,不得不向银行家借贷才导致佛罗伦萨的银行家开始向法国转移。

这种转移具有两面性:一方面说明了银行家对第二、第三金融国家的逐渐放弃;另一方面只能说法国成了除第四、第五金融国家之外的"欧洲大陆"的金融中心。

这不能说明银行家愿意冒这个风险,而是当时通信、交通都极不方便,单纯地转移到英国和北美固然安全,但放弃欧洲大陆无疑令银行家不能接受。

欧洲大陆的银行家族分为两支:一支主要进行金融事务集中在法国,开始是里昂,后来是巴黎;另一支主要集中在德国,操纵德国逐渐发展起来的实体工业。

虽然美第奇银行号称"绝嗣"了,但统治法国和德国的金融力量,应该就是美第奇银行家族。

【法国经济】

法国是西欧小麦和玉米的生产基地。经济作物主要有油菜籽、甜菜和亚麻等。2001年，油菜籽产量291万吨，居西欧第二、世界第五，是法国主要的油料作物。2004年，法国甜菜产量2942万吨，约占世界产量的12.4%，居世界第一位。

（二）“威尼斯银行家”的力量

英国银行家约翰·劳轻易地在法国建私有央行，似乎让人感觉法国竟然如此容易地就落入了外国银行家之手。但实际上盘踞在佛罗伦萨几百年的美第奇银行对法国的渗透也进行了几百年。这里举3个银行家制造法国债务陷阱的真实事件，这发生在几个世纪中的一系列事件，最终导致了“法国第一央行·法国通用银行”的建立（法国没有足够的硬币支付欠外国银行家的利息了）。

1．45%的利息——遗祸后世的查理八世

“45%的利息”是个什么概念呢？也就是说，如果法国国王向银行家借贷0.001亿利弗尔，20年后本息合计1.687亿利弗尔（超过法国政府岁入了），增长约1687倍。这种债务一旦借了，就还不清了，谁会做这种傻事呢？

查理八世就接受了这个利率。他为了发动“意大利战争”（1494—1559年），向热那亚银行家（威尼斯非主流银行家族）借入了10万法郎，利率高达45%（年息、复息）。

2．银行家在“法国集市”的“超级特权”——路易十一与“繁荣的代价”

路易十一在法国建立了一系列商业集市，类似于现在的商业、金融中心（也包括早期查理七世在里昂建立的一些集市），总数大约有66个。之所以要这么多，主要是当时交通、通信的限制，只能用增加商业中心的数量来满足商人们的需求。这个做法的出发点是好的，但路易十一出于贪婪和诡计，开始实施一种看似智慧的竞争措施——授予商人和商业城市特权。这些权力包括：

（1）独立的司法权（即集市管理者的特殊司法裁判权）。

（2）一些贸易的豁免权、特惠权。

（3）使用外币权。

（4）出口贵金属权。

（5）无继承人财产归公权。

（6）部分罪行赦免和入籍权。

（7）与敌国（指法国的“敌国”）进行贸易的权力（包括战争时期）。

（8）大量的免税权（比如：取消了“十二但尼尔税”）。

（9）取消了针对商人的关卡检查和关卡税、费。

（10）由商业行会管理各个城市，并相互缔结合同（这实际上放弃了法国政府对城市的管理权，形成了由金融资本主导的城市割据和外交权，15世纪后半叶法国政府才发现“皇令不出宫廷”了，才开始与商业行行会进行斗争）。

（11）“集市城市”的“武装护卫队”的组建权、管理权（这实际上默认了银行武装对法国商业城市的武力控制，后果严重，尾大不掉）。

这些做法看似很狡诈，因为这些措施争取了跨国商人，排斥了他国的竞争，削弱了地方贵族，充盈了法国国库。但实际上愚不可及，后果严重！因为从此法国丧失了对基层组织、商业中心、货币铸造、城市行政的实际管理权，外国商业行会

【法国经济】

巴黎盆地和西南部阿基坦盆地是法国耕作业最发达、种植业最集中的地区，是谷物、油料作物、甜菜、蔬菜的主要产区。其中，巴黎盆地是全国最大的农业区，农业产值约占全国的1/3。

【法国经济】

葡萄和园艺业是农业中的重要部门，葡萄种植很广，但主要集中于地中海沿岸和罗讷河以西地区，以及阿基坦盆地。作为世界葡萄酒产业的龙头老大，法国统治这个产业已有几个世纪，2000年销售额达65亿美元，仍居世界第一，当年葡萄酒出口额为46亿美元。

逐渐演变成了一种看似松散，其实由跨国垄断银行家族统一管理的“第二政权”。

法国财政从此过度依赖外国商人的投资和缴税，实际上整个法国落入了银行家的掌握，这种被称作“重商主义”的短视做法，固然制造了一段时期的繁荣，但抑制了法国民族工业和民族商业资本的发展，埋下了法国频繁出现金融危机的隐患，让法国皇室成了国际银行家的附庸，完全依靠国际银行家族的借贷，否则就一天也过不下去，这种局面只有用如履薄冰可以形容，法国皇室的灭亡已经注定了。

3．银行家塞缪尔·伯纳德的“慷慨”——路易十四高筑的“债台”

银行家塞缪尔·伯纳德一直给法王路易十四贷款，规模惊人。1703年，他借给法国政府0.15亿利弗尔；1704年，他借给法国政府0.2亿利弗尔……

1708年，他借给法国政府0.3亿利弗尔！

法王路易十

四也发现了这个问题，同时由于银行家的贷款已经影响了法国的对外战争，所以路易十四拒绝支付利息。有人认为银行家塞缪尔·伯纳德破产了，但事实并非如此。

【法国经济】

法国最大的葡萄酒生产商是卡斯特兄弟制酒公司，销售额居世界第六。此外，诺曼底和布列塔尼半岛的苹果和梨，地中海沿岸和科西嘉岛的花卉和早熟蔬菜都十分有名。2001年，法国苹果产量为194万吨，居西欧第二位。

"伯纳德关于建立一家发行银行券的公有银行的计划对他们来说是件被诅咒的事，因为这项计划将减少他们在处理皇家财务中所获得的利润（博西尔，1970年，第16页）。伯纳德已恢复到如此的程度，以至他在金融官员同伙中的巴黎兄弟所控制的1915年法庭上自愿支付600万利弗尔的罚金。金融团体之间争论的主旋律在整个法国历史中继续下来，至少直至第二次世界大战。

况且，不管伯纳德1709年的失意是多么短暂，它标志着法国金融重心从里昂向巴黎的转移（布劳德尔，1977年，第101页）。"

这段历史文献说明了两个问题：

(1)银行家在法国建立“独立央行”制度,是一切财富之争的核心问题——因为这涉及法国政府和人民从此丧失了货币、金融、财政权利(“法国第一央行·法国通用银行”的董事长、英国银行家约翰·劳后来也出任了法国财政部长，实际上控制了法国的预算和财政),而银行家族则拥有了法国一切可以用货币购买的财富。

(2)银行家塞缪尔·伯纳德受到了短暂的挫折(其本质就是路易十四利用政权对国际垄断银行家族发动的财富之争进行了成功但缺乏延续性的还击),但远非“彻底失败”。

(三)“巴黎兄弟”与银行家族

由于古代的法国一直执行了彻头彻尾的“重商主义”,忽略了法国政权的建立和统一(路易十四是法国统一巅峰,此后法国先后由外国银行家族建立了两个央行,不仅法国皇室退出了历史舞台,法国政权也从此再也没有收回货币、金融权力。1800年由外国银行家族建立的“法国第三央行·法兰西银行”所发行的法郎一直是私人货币,由“国际债权人”主导,直到其消亡),导致了法国出现了一个由外国银行家族遥控的金融官员阶层,他们被称作“巴黎兄弟”。

这些人名义上是法国政府的金融官员,但实际上听命于欧洲垄断银行家族的命令,属于银行经理人阶层。

虽然他们在行为上出卖法国民族利益，属于银行家族情报网络的成员，但不能说他们背叛法国或不忠于法国国王，因为法国的金融货币体系根本就不是法国政府的管辖范围,这种荒谬的体系源自路易十一时代的“重商主义”,分裂的种子早就播下,并长成参天

【法国经济】

法国的交通运输业十分发达,是国民经济中的重要部门,也是世界上交通运输网最稠密的国家之一。

大树了。

17世纪的法国,金融官员代表着外国银行家族的利益,并相互争斗,用法国政府的名义,实际上已经完成了对法国货币、财政的全面控制,不过"独立央行"制度的建立还是很有必要的,因为"独立央行"制度的建立可以从根本上、从法律上建立金融僭主体制,剥夺法国民选政府对货币金融事务的管理权,让垄断银行家族的家天下体系得以世袭和拓展,并且披上了合法的外衣。

第四节 “法国第一央行”时期的历史危机

(一)美第奇银行在法国的摄政与“血统扩展”

由于美第奇银行在法国实施“摄政”和“联姻”,导致法国皇室与垄断银行家族似乎“成为一家人”。

这个烟幕不仅迷惑了法国皇室,也迷惑了法国各阶层,让垄断银行家族在法国建立了一个广泛的金融僭主体制,再也没有谁能够去除。

直到法国皇室的利用价值消失以后,银行家族发动了一场血腥的政变,让法国贵族、皇室几万颗人头,一次付清了账单,这是他们出卖法国利益与外国银行家族“联盟”的代价与惩罚。

这一点足以为后来者戒,但“愚蠢的智慧”是永远也不会消失的……

(二)18世纪初,银行家已经准备就绪,而法国上层毫无察觉

欧洲垄断银行家族经历了几个世纪的布局,已经完成了对法国王朝人事、组织的准备。

法王路易十四史称“太阳王”,他一生“辉煌灿烂、战无不胜”,但法国王室的根基已经彻底腐烂了,整个法国坠入了外国

银行家的债务陷阱，一场由英国银行家约翰·劳导演的财富之争即将上演，法国各阶层第一次领教了衣着整洁、礼貌和蔼的外国银行家族的厉害，但财富之争学21世纪才姗姗到来，这是多么荒谬的一幕！

【法国经济】

法国交通运输业具有明显的国际性，主要铁路、公路、航空和水运干线都与欧洲其他国家相通，首都巴黎是国际交通枢纽。

在这场法国财富之争中，一些法国皇族还联合外国银行家大赚了同胞一笔，这有点像发了一笔国难财。

但不久，他们几乎被银行家杀了一个干干净净，很多法国贵族真的“绝嗣”了。这很残酷，但也是一种公正。

（三）法国财富之争的特点——高端主导在前，财富之争在后

法国财富之争，就是英国银行家约翰·劳在法国建立的“法国第一央行·法国通用银行”和“私有票据·纸币利弗尔”。

这场金融战是欧洲古典财富之争的典范，银行家举重若轻，

【法国经济】

在各种运输方式中，以公路运输为主，公路运输约承担全国货运量的84%。目前，法国公路总长100多万公里，为欧盟国家中之最长。其中高速公路1万多公里，居欧洲第二、世界第五。

玩弄法国皇室、贵族于掌心，但实际上却已经默默地准备了几百年，动用了至少20亿利弗尔硬币（近1万吨黄金）的金融战资本，控制了法国所有金融官员和核心贵族……

法国财富之争还能有什么悬案吗？

英国银行家约翰·劳的胜利绝非侥幸，是历史的必然；所谓的“密西西比泡沫”是欧洲古典财富之争上的一个伟大的范例。一句话：法国这个古老的剑客，输在欧洲垄断银行家族手中，并不冤枉，因为只剩空空剑鞘，宝剑早就锈掉了……

（四）“昏君之智”的现象

导致古代法国的控制权逐渐落入外国银行家手中的法王路易十一，历史上以善施阴谋诡计著称，人称“蜘蛛国王”。他表面上统一了法国、充盈了财政，但正如中国北宋皇室一样，都是很有才干的人，却做了很傻的事，其历史原因主要是不能跳出短期利益的局限性，不能摆脱战术决策得胜的强烈诱惑，最后逐渐走上了王朝灭亡之路，但每一个决策却都经得起推敲，不是后人所盲目批驳的那样“愚蠢”，反而常有奇智和成熟到腐烂的智慧在里面……

所以，建立财富之争学的同时，必须建立广义决策论和战役趋势博弈论，否则很难在纷繁复杂的决策标准中，找到战略决胜之路，很容易被误导，理智地走上错误的道路。

第五节 谁是法国3个央行的拥有者

法国历史上曾经出现过3个央行，都用的是法国的名义，但拥有者都是外国银行家，这是一个很耐人寻味的历史谜案。

（一）法国第一央行——法国皇家银行

法国历史上的第一个央行，是由英国银行家约翰·劳为首的欧洲垄断银行家族建立的“法国通用银行”（1716年5月组建），后改组为“法国皇家银行”（1718—1720），两者的区别在于：前者仅仅是法国的央行，后者合并了“北美西方公司”，实际上是一个“世界央行”（范围扩大到了北美，而不仅仅局限在法国了）。

这样法国第一央行的货币是法币利弗尔，1720年这个“银行券”破产了。这个私有信用卡特尔，名义上是法国的政府机构，实际上是一个“国际债权人”主导，外国银行家约翰·劳等人“名义拥有”，并“实施管理”的私有皮包公司，依靠凭空创造“钱”来拥有法国和北美地区的一切财富。英国银行家约翰·劳在法国开启的这个“债务货币”骗局后果严重，史称“密西西比泡沫”。

【法国经济】

法国公路干线以巴黎为中心，呈放射状向四周延伸，并多与欧洲的国际公路相接。

“债务货币”开创了一种特殊的骗局：法币名义由政府发行，央行名义是政府机构，实际上却由“国际债权人”拥有一切主导权，凭

空创造“钱”来拥有所有社会阶层的一切财富和劳动。所以，“独立央行”是可以国有化的，法币也可以由政府名义发行（这还是必须的，因为要靠政府和人民的税收来还债，也就是给“国际债权人”缴纳“垄断税”），关键在于“央行的独立”（这是一个银行家族把金融、货币、经济权力从法国政府和人民手中夺走的过程）与“货币发行与债务挂钩”。

【法国经济】

法国铁路总长29383公里，其中电气化铁路14421公里，占铁路总长49%。铁路约承担全国货运量的8.2%。法国高速列车技术居世界领先地位。

所以，英国银行家约翰·劳在法国财富之争上有独特的，无可替代的历史地位，他不仅是预言家，也是一个天才的金融战专家，不花一文，就把法国各阶层洗劫一空（此后几十年都没有恢复过来）。

（二）法国第二央行·法国贴现银行

法国历史上第二个央行也不是法国的，名叫“法国贴现银行”（1776—1798）。这家私人垄断信用供给机构由瑞士银行家伊萨克·潘乔德1776年在法国成立。这实际上是一家皮包公司，什么都

没有。但是通过约翰·劳的公关策略取得了法国政府的特别授权。

这个“法国贴现银行”又如何为国际银行家族牟利呢？很简单，发行“银行券利弗尔”，也就是靠凭空制造“钱”来赚取利润！这又是一种什么样的授权呀！这些国际银行家族通过瑞士银行家伊萨克·潘乔德的“法国贴现银行”可以任意创造“货币符号”，拥有一切法国可以用“钱”来衡量的财富和劳动。

法国各阶层诚实地劳动，到外国银行家族那里换取“数字”，否则“产值”就高得惊人，并且完全脱离了法国政府的管理，是一个更加彻底的“独立央行”。它所发行的“银行券利弗尔”在法国肆意流通，摧毁了法国刚刚恢复的实体经济，严重激化了法国社会的各种矛盾，让法国各阶层都陷入了可以被任意剥夺劳动和财富的境地，社会物价飞涨(但也可以解释为法国经济空前的大繁荣时期，因为统计数字上法国经济增长很快，但这是虚拟增长，实际是如假包换的通货膨胀)，人们毕生的积蓄不断贬值(这种贬值是有计划的，其实质就是欧洲跨国垄断银行家族剥夺法国各阶层财富和实体经济主导权的过程与速度)。

(三)法国第三央行·法兰西银行

法国历史上的第三个央行，就是1800年至今的“法兰西银行”，是由包括“法国第二央行·法国贴现银行”等众多私有银行参股组建的一个跨国私有金融卡特尔，瑞士银行家伊萨克·潘乔德只是其中的股东之一。人们熟悉的法郎就是由这些外国银行家族在法国发行的“私有银行券”，实际上不过是一些数字。由于这些“数字”用法国政府的信用作抵押，用法国各阶层的税收作保证，故此被人们广泛接受。但对于法国来说，这是一个荒诞的做法：因为法国政府自己承担一切制造“法郎信用”的责任，却没有权力发行“法郎信用”，这个无上的特权却牢牢控制在欧洲跨国垄断银行家族的手中，脱离了法国政治体系和民族利益的范畴。

【法国经济】

20世纪80年代初，第一条高速火车线路从巴黎至里昂的铁路线正式投入使用，时速为270公里。从2001年开始，从巴黎至斯特拉斯堡全长406公里的法国高速铁路干线东线的建设，已正式启动。目前全国已建成高速铁路1546公里。

不同时期的法国政府必须以借贷的形式向拥有法兰西银行的跨国银行家族抵押国债。这个抵押的利率和形式已经成了一个“似乎从来就没有存在过的秘密”，无法得知法国政府每发行1个法郎，需要抵押1法郎“特别国债”所支付的年利息。但是1800年拿破仑时期，也就是美第奇银行的银行代理人家族——拿破仑家族主导了法国政治的时候，这个荒谬的利率是4%。也就是说从拿破仑时期开始，法国各阶层每年需要为拥有法兰西银行的外国银行家族支付的利息大致等于法兰西银行创造的法郎数字的4%，并且逐年利滚利，且不用归还（因为归还了法郎就消失了，而且债务实际上超过世界上法郎信用总量无数倍！之所以出现这种荒谬的局面在于——这笔所谓的法国欠国际银行家的债务，从来就没有发生过，法国政府本来应该自己发行货币而不是由国际银行家族来实施金融僭主体制）。

后面要专题涉及三个严肃的问题：

1. 谁拥有了法兰西银行？

2. 1946年1月1日法兰西银行的国有化、1993年法国通过立法强化法兰西银行的独立性、1998年法兰西银行加入了欧洲中央银行体系（ESCB），这三大历史事件的性质和实质。

3. 法兰西银行国有化以后的法郎为什么还是私人票据？银行家族如何继续控制法国信用供给并从中牟利呢？

第六节 “法国第二央行”发行的“银行券利弗尔”破产

(一)外国银行家如何制造了法国各阶层的不满和愤怒

法国大革命结束了法国的封建统治，震撼了欧洲的封建制度，显示了人民群众的伟大力量。法国大革命的爆发时间和欧洲垄断银行家族与法国传统贵族斗争激化有关，也是法国传统世袭贵族体制与金融僭主世袭体制之间的新矛盾——有关“谁是法郎纸币的主人”——一次激烈的总摊牌。

法国传统贵族一直是欧洲垄断银行家族的银行代理人阶层，出卖法国各阶层利益换取家族利益。但他们的权力很大,并不完全听外国银行家族的“招呼”,自认为自己是主人。可他们错了!欧洲垄断银行家族虽然与法国传统贵族有着密切的、持续了几百年的复杂“联姻”,但在法国实际最高权力的争夺上,却毫不手软。

【法国经济】

法国铁路分布也以巴黎为中心,呈放射状向四周辐射。其中,巴黎—马赛线已开通了世界最先进的高速火车,是法国运量最大、收入最多的线路。

法国大革命,几乎杀光了法国传统贵族,仅留下一些没有权力和财富的“空头贵族”和“参与摧毁法国传统贵族体系的法国贵族家族”(这是最后一次背叛,但对于叛国者来说,背叛自己的亲人和阶级又是多么简单的一件事)。

这次“重组银行代理人家族”的过程异常血腥和残酷,每天都杀人,而且是杀贵族和皇族,然后就是抄没家产。不少传统贵族从此销声匿迹,可能真的被杀干净了,作为“外国垄断银行家族”的朋友和亲戚,他们一直靠出卖法国民族利益为业,这次死得其所。每当法国贵族的头颅落入篮子的时候,法国群众都会爆发出一阵掌声和欢笑！没有人去捍卫法国传统贵族的利益,人们痛恨卖国贼胜过痛恨外国银行家族。

(二)瑞士银行家伊萨克·潘乔德(“法国第二央行·法国贴现银行”)拒绝给法国王室1亿法郎

1. 摧毁“第二央行”——“糊涂”的瑞士银行家伊萨克·潘乔德

(1)瑞士银行家伊萨克·潘乔德跑到法国注册了一个金融皮包公司,我们姑且叫它银行吧！但这又是一家多么“神奇的银行”啊!

【法国经济】

法国拥有最稠密的内河水系，主要河流均可通航，各大河间有运河相连，形成四通八达的内河运输网。通航河道总长约8500公里，其中天然河道约占1/3。

瑞士银行家伊萨克·潘乔德和银行家朋友们没有任何的注册资本，或者说他们跑到法国开银行的注册资本竟然是他们自己随手写出的“法国贴现银行的银行券利弗尔”，这是荒谬的“注册资本”。

（2）以瑞士银行家伊萨克·潘乔德为首的欧洲银行家们在法国发行私人信用，用的却是法国政府的名义（法国政府的特许状），法国所有的民族企业和个人，都是外国银行家开出的任何数字，并把其看作“钱”。举例：瑞士银行家伊萨克·潘乔德如果写下“1 000 000法郎”，那么就可以从法国凭空“弄走”（或拥有）一个等价的法国企业，这不仅荒谬，而且可怕——这些外国银行家还需要“抢劫”吗？他们可以在“1”后面添加任意一个“0”，这就足够了！可法国却必然陷入沉重的经济危机和通货膨胀，不爆发大革命才怪呢！

2. “法国贴现银行”的“生意兴隆”与法国经济的“濒临崩溃”

自从瑞士银行家伊萨克皤乔德1776年在法国建立了这个皮包公司以后，这个法国第二央行的生意好得惊人，唯一的“产品”就是“数字”。仅仅几年以后的1783年，“法国贴现银行”的世袭股东们已经滥发了0.7亿“银行券利弗尔”（这仅仅是他们自己公布的数字，天知道他们究竟发了多少“信用”，因为和美联储一样，“独立央行”的“好处”在于，各国政府“不能介入专业事务”。所以，银行家们究竟在1776年以后发行了多少“私人票据”很难统计）。到了1787年，这个数字已经达到了1亿“银行券利弗尔”，这可以是等量的金币、银币或法国企业所有权。

“法国贴现银行”的“神奇生意”简直好得难以想象，外国银行家们在法国肆意流传“银行券利弗尔”，让他们可以一文不花就主导了法国的一切经济命脉和财富，简直是“生意兴隆”。

【法国经济】

北部的塞纳河在内河航运中起骨干作用，几乎同全国主要河流都有运河相通。南部的罗讷河，通过运河与塞纳河沟通，两条大河纵贯南北，把主要城市、港口紧密地连在了一起。

但这无疑是一场如假包换的财富之争，法国实体经济遭受了沉重的打击，整个法国工业、商业都陷入了一种“流动性过剩”导致的金融危机。人们怨声载道，却不知道问题所在，一切矛头都指向了法国皇室。金融危机转化为经济危机的同时，也酝酿了一场严重的政治危机。

但法国皇室和贵族是否冤枉，却很难说，也许有那么一点点。

3. 瑞士银行家伊萨克·潘乔德与他背后的银行家朋友有了矛盾

瑞士银行家伊萨克·潘乔德是一个传统的“骗子”，或者说是

一个“金融战战术专家”，而不是一个试图“拥有历史的战略家”。他提出了一个概念，就是向“公众贷款”，而不仅仅局限于向各银行贷款。这里面的区别是：

（1）“向公众贷款”，“法国贴现银行”可以发行更多的“信用符号”，也就剥夺了更多法国公民的财富，但“法国贴现银行”有一般化的趋势，“银行的银行”这个统治性地位会有所弱化。

（2）瑞士银行家伊萨克·潘乔德的银行家朋友们坚持只向私有银行贷款（也就是提供“信用符号”），这样损失了许多直接控制法国大企业和个人财产的机会，但却从宏观上拥有了法国的一切财富和权力。

这就是历史上发生在“法国第二央行·法国贴现银行”的“两条道路之争”。站在欧洲垄断银行家族的角度来说，维系独立央行的统治地位无异于维系金融僭主体制，是最重要的事。但站在诸多从属地位的银行家族的角度来说，这少了许多赚钱的机会，发行越多的“银行券”，“法

国贴现银行”的红利就越多，实际上也是如此。

所以，欧洲垄断银行家族就有了毁灭法国第二央行的意思，因为这个机构有点不好控制了，迷失在了成功与财富之中，忘记了“央行的任务”——在法国建立金融僭主体制，并主导法国的一切。

【法国经济】

运河约占全部通航河道的2/3。主要运河有马恩—莱茵运河，它把欧洲两大重要水系——塞纳河与莱茵河连接了起来；罗讷—莱茵运河，使法国东南部水系同德、比、荷、卢的水系相连，从而沟通了北海与地中海的水路往来。

4．法国皇室的愚昧与贪婪——1亿利弗尔“分红”的请求被拒绝

这个事件，在法国财富之争中的意义极为重大，它反映了法国皇室已经愚蠢到了不可救药的地步，行将就木了。

(1)贪婪者主动放弃了最大的利益

法国皇室的确如历史记载的那样，又奢华又贪婪，但这些贪婪成性的腐朽贵族却主动放弃了最大的利益，拱手将可以任意对法国各阶层进行‘财富转移”的法郎发行权交给了外国银行家族。这说明，法国传统贵族已经丧失了建国的锐气和胆识，甚至丧失了“贪婪者必须具有的贪婪和勇气”，完全沦为金融僭主体制的傀儡。

(2)身为傀儡，而不自知

欧洲古代的金融僭主体制，就是一个世袭垄断银行家族幕后主导，给前台表演的银行代理人家族一些残羹剩饭的“主仆体制”。身为傀儡的法国传统贵族，必须要认清自己的地位和分量，才能安身立命。可这些每日花天酒地、愚昧无知的法国贵族根本就不理解金融僭主体制的含义，甚至不知道金融僭主体制的存在。他们盲目地认为：自己是法国的主人。所以，他们眼看着外国银行家族

在法国任意滥发"银行券利弗尔"获取了极大的利益,不禁眼红了!竟然在1787年向银行家提出"给国王贷款1亿利弗尔"的要求,试图分一杯羹。

当时金融僭主已经对这些腐朽没落又自高自大的传统贵族很不满意了,这个"仆人"又以"主人"的身份下了一道命令,并提出了要挟——如果"法国贴现银行"不给法国国王1亿利弗尔(多么可悲呀!仅仅是一张纸片上的几个数字而已,自己去填写的勇气都没有了,而以命令的名义去乞求,这是很无耻又令人深思的一幕),1806年,就不再给"法国贴现银行"延续30年特许状(发行法郎的授权)了。

此时是1787年,离1806年特许状到期,还余19年的时间!这种要挟多么软弱、多么谦恭呀!可这些法国贵族还是惹恼了外国银行家族,他们大多没有活到1806年。这深刻地说明了一个问题:外国银行家是法国的主人。

5．银行家主人拒绝了仆人的勒索，仆人们发出了喃喃的不满声音

瑞士银行家伊萨克·潘乔德和银行家董事会此时已经极度蔑视法国皇室的权威，甚至不屑于在纸片上写下几个“0”，他们明确地拒绝了法国国王贷款的建议，狠狠地给了法国贵族一记耳光。

【法国经济】

巴黎和斯特拉斯堡是法国最重要的两大河港。法国海运业由国家和私人共同经营。2005年海港吞吐量3.7亿吨。马赛—福斯不仅是法国，也是地中海沿岸的最大港口，北部塞纳河口的勒阿弗尔是巴黎地区的出海口。

法国贵族腐败透项，他们既感觉丢尽了面子，又不敢与银行家撕破脸皮，就四处诋毁“法国贴现银行”的信誉，私下威胁要取消特许状。但没有历史证据说明，他们真有勇气这样做，实际上“法国贴现银行”一直自由自在地发行法郎，法国国王甚至没有勇气取消这种授权，仅仅是威胁20年以后“不再授权了”。

这种孩子般天真的“撒娇”，或者仅仅是“贪婪仆人不满的喃喃细语”，都令银行家族极度不满，起了杀心。如果法国贵族知道

他们这样表示不满的严重后果，他们绝对不会这样做！可历史没有“如果”，他们的确威胁了银行家族，并且由于这种“话语”来自法国“上层”，法国工商业和人民开始在床铺底下积攒利弗尔硬币，逐渐取出了存在银行的“银行券利弗尔”，实际上是将纸币兑换成了金币或银币私下存储了起来。这样从表面上来说就导致了“法国贴现银行”保存的法国各私有银行的“存款准备金”大幅下降，法国各私有银行的存款大幅下降。法国第二央行实际上面临着银行家约翰·劳的法国第一央行同样的“难题”——银行券的破产！

银行家族能不拼命吗？这从侧面说明法国贵族多么愚蠢和短视。

第七节 “1788年破产危机”与“1789年财政危机”

(一)“法国第二央行,法国贴现银行”的“1788年破产危机”

法国第二央行滥发“银行券法郎”牟利,肆意剥夺着法国各阶层的财富与劳动,这种财富转移的效率和滥发银行券利弗尔的总量成正比。“法国第一央行·法国皇家银行”发行的纸币利弗尔就是这样破产的,并导致了“密西西比泡沫”的严重后果。

欧洲银行家族通过所谓的“法国贴现银行”疯狂的滥发信用,大肆剥夺法国各阶层的财富,直接导致了1788年“法国贴现银行”无法应对潮水一样涌向兑换窗口的人们,而宣布“中止兑换”。所谓的中止兑换是指“法国贴现银行”不再接受其所发行的银行券利弗尔兑换成等值的

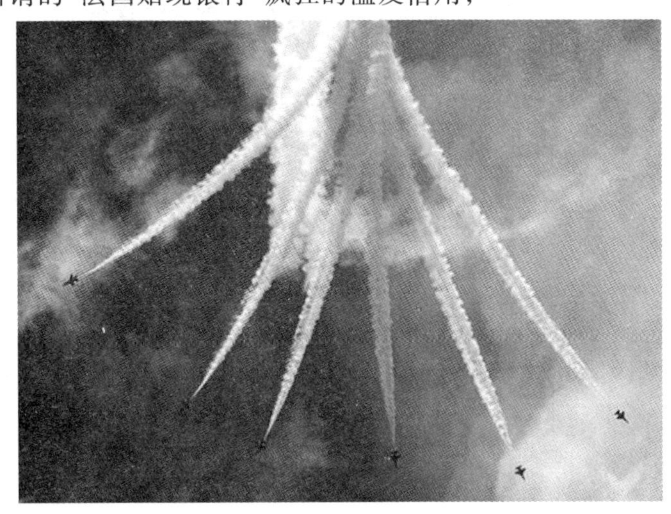

【法国经济】

法国航空运输业发达,2004年法国航空公司的货运量达144.07万吨，客运量1.058亿人次,与134个国家的529个城市有航班往来。

硬币,这本来是人们接受“法国贴现银行”发行的私有票据的依据。实际上,“法国贴现银行”不仅破产了,世袭股东们还欠下了法国各阶层一笔天文数字的债务。愤怒的人们如同约翰·劳时期一样，拿着大量的“银行券”要求法国政府对外国银行家进行“清算”。

这个事件把垄断银行家族逼到了角落,他们一方面绝对不能接受真正的审计和清算(这等于要了银行家的命,骗局就会被揭穿了),另一方面必须找一个“替罪羊”。

这是一个几乎不可能完成的任务,但银行家完成了,并且借机“将历史朝前推了一步”——他们因势利导发动了一次史无前例的财富之争。

(二)“1788年破产危机”与法王路易十六的“1789年财政危机”

1．银行家中止了法国的信用体系，破坏了法国的财政税收——法国大革命爆发不可避免了

“法国贴现银行”不是一家单纯的私人银行,而是欧洲垄断银行家族共同建立的一个旨在控制法国一切财富的金融信用卡特尔,由很多欧洲银行家族参与了这个骗局。当1788年这个骗局又走上了英国银行家约翰·劳老路的时候,银行家族开始着急了。他们最怕的就是清算和审计,因为这本来就是一个联合了法国上层腐败贵族的金融战骗局。法国各阶层都会问一个问题:“法国贴现银行”没有金币和银币的保证,凭什么写下数字,我们就交出企业和一切财富?

银行家在1788年宣布中止兑换银行券的同时,就知道拼死一

搏的时机到了！他们联合所有的法国私人银行，突然强制回收一切贷款，停止一切业务和信用供给，中断一切信用流动，实际上发动了一场全面的财富之争。

【法国经济】

法国是世界贸易大国之一，2009年对外商品贸易总额10450亿美元，居世界第六位。其中出口4850亿美元，进口5600亿美元，分别占世界贸易总额的3.9%和4.4%，当年贸易逆差750亿美元。

外国银行家们通过各种私人渠道，向破产或濒于破产的法国工商业、人民散布了一个“消息”：法国国王为了自己的享乐，即将对法国人民征收难以承受的赋税。然后，他们中止了一切对法国皇室、政府、贵族的信用供给和金融服务，整个法国实际上陷入了一个无钱可调，有钱也无法流动的“无信用社会”的局面。银行家故意提前收回给法国工商业和个人的贷款，蓄意制造了法国社会的总破产和总经济危机同时爆发！

1789年，法国一切信用供给消失，一切信用流通消失。几乎所有的法国企业、个人全部陷入破产，法国政府无法继续维持政府运转，因为一切税收都随着法国工商业的破产而陷入了全面枯竭。法国的军队、警察、外交机构都无法维持起码的运转，法国陷入了一个外国银行家族联合制造的紧急局面——全面的流动性枯竭！（“流动性枯竭”是2007年美国次贷危机中，华尔街发明的一个漂亮的“专业词汇”，其实际含义就是“破产”，“流动性短缺”就是“濒临破产”，而“全面的流动性枯竭”则是“全面的社会性总破产”的意思）。

2. 路易十六宣布：“1789年5月5日的会议只讨论财政问题，不讨论其他议题。”

路易十六不但不是一个暴君，还是一个银行家手中的软弱到极点的傀儡。他眼看着法国逐渐陷入了“停摆”的状态，却无力解决这一切，只好出外打猎。当时的人们误以为路易十六贪图享乐，

【法国经济】

法国也是世界服务贸易大国，2009年服务贸易总额2690亿美元，占世界的4%，居世界第六。其中出口为1430亿美元，占世界的4.3%，进口1260亿美元，占世界的4%，服务贸易顺差170亿美元。

后人也有这样的说法，但这不是事实。法国上层由于长期和银行家族搞“联姻”，结果法国的实权早就被外国银行家族控制了。此时，法国的实权掌握在瑞士大银行家、大投机商雅克·内克手中，此人还是法国的首相和财政总监，此时法国处于“法国第二央行·法国贴现银行”时期，本来就是由瑞士银行家伊萨克·潘乔德执掌。

这种现象在实行金融僭主体制的古代欧洲各国并不罕见，法国第一央行时期，也是由“法国皇家银行”的董事长、英国银行家约翰·劳来出任法国财政部长，这种现象是金融僭主权力的体现，人事即政治。法国国王不是不想用自己的亲信，但他已经没有了实际的权力。

路易十六根本就不想，也无力摆脱外国银行家族联手在法国制造的“全面流动性枯竭”，他知道这是怎么一回事。他唯一的想法可能希望这场闹剧会和“密西西比泡沫”一样，导致“法国贴现银行”破产，这样也许就可以在一定程度上摆脱外国银行家族对法国政治的控制。

所以，他在1788年法国逐渐陷入全面金融危机的时候，一直四处游猎，静观其变。这说明路易十六不是个庸才，这个做法未尝不是一个正确的选择，因为此时法国军队就掌握在法国银行家、法国军事贵族拉法叶侯爵（此人与共济会关系密切，是共济会成员

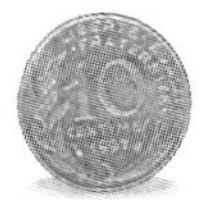

乔治·华盛顿的密友，直接参与了美国独立战争。应该说他是共济会的秘密成员。但因为他有一些"忠君爱国"思想和朴素的民族主义情怀，试图充当矛盾缓冲器，在法国实施君主立宪，结果全家几乎被杀光，他从此心灰意冷，再也不敢过问银行家的事务了）手中，政权在瑞士银行家雅克·内克手中，财政货币大权掌握在瑞士银行家伊萨克·潘乔德手中。在这种情况下，路易十六的话有什么用？但法国的金融危机在1789年逐渐激化了，银行家族就让出任法国首相的瑞士银行家雅克·内克逼迫路易十六召开会议，议题是"紧急征税，缓解国家财政紧急状态"。

单纯从表面来说，瑞士银行家雅克·内克这个做法似乎很有道理。因为此时法国政府的一切行政体系都瘫痪了，国家陷入了空前紧急的状态，必须有一些信用来支付最低限度的政府运作。但实际上却明显是在蓄意激化矛盾，因为此时法国经济已经全面崩溃了，根本原因在于

【法国经济】

在法国外贸出口总额中，商品出口占77.2%，服务出口占22.8%；在进口总额中，商品进口占81.6%，服务进口占18.4%。

外国银行家族联手制造法国的流动性枯竭。此时，宣布征收紧急税款不仅收不到钱，反而会把法国各阶层的愤怒焦点从外国银行家身上转移到法王路易十六身上，这就是法国首相、瑞士银行家雅克·内克逼迫路易十六召开“1789年5月5日三级会议，提出紧急征税”的真实原因。

3．法国此时实际应该采取的措施

(1)抽调法国各地尚还听从法国国王调遣、至少忠于法国民族的军队，混合编组，立即逮捕以瑞士银行家伊萨克·潘乔德为首的金融诈骗集团成员，依法公开审判，迅速平息法国各界对于“法国贴现银行”的怒火。

(2)依法查账、公正审判、首恶必办、缩小打击面。要迅速公布“法国贴现银行”空手套白狼的账目，很有可能根本就没有账目，那就公布这个事实。打击几个主要的外国银行家，对于参与“法国贴现银行”的股东，尤其是军事贵族，要在第一时间公布王令，保

障其股权不变成一堆废纸。

(3)立刻宣布接管“法国贴现银行”,并实施国有化,改名为“法国皇家贴现银行”(对于中小股东进行双倍赎买),发行新图案的银行券。对于所有接受这种国有银行券的商户、个人,实施免税3年的优惠(政府支出以“国有银行券”为主,用一定程度的通货膨胀为代价,最大限度地缓解已经尖锐到极点的社会矛盾和信用枯竭,暂解燃眉之急,再徐徐增税,慢慢让经济走上正轨,此间可颁布紧急状态法令,先让经济慢慢缓过来再说),让大面积破产的法国工商业和小手工业者有恢复的机会和希望,这可以凝聚社会共识,缓解社会矛盾,坚挺“国有银行券”,分化金融僭主体制,让法国民族利益统一到同一面旗帜下。

(4)明松暗紧,对于法国境内的刑事犯罪依法进行严厉打击,这有助于稳定国内局势,又是法国工商业和手工业者最难以忍受的社会弊端之一,这也可以打击别有用心者。

(5)国王搬出皇宫,做出一个“卖国宝,还法国民众私债,与民共苦”的姿态,同时国王进驻可靠的兵营,可自保,还可以巩固军权。

(6)从此收回法国金融货币权力,重建法国军队,凝聚法国民族利益与舆论共识,准备好与国际金融资本的第二轮较量,也是必然会到来的反扑。

实际上,路易十六并不简单,他看出了法国经济危机的实质——“流动性枯竭”,发行了一种带息纸币,但被外国银行家与银行代理人在法国贵族中的势力联手扼杀了,法国大革命的爆发不再有任何悬念了,他只好“出外打猎,以求自保”。可以说:路易十六的决策方向

【法国经济】

法国旅游业、运输业等服务业发达,2007年接待国外游客8200万人次,继续保持国际旅游第一目的地的地位。2007年旅游收入达390亿欧元,居世界第三位(次于美国和西班牙)。

对，但整体措施不到位，手太软。问题在于，他和许多法国贵族一样没有预料到现在的银行家不再是约翰·劳了！

（三）银行家动手了

1．银行家控制了“三级议会”——法国首相、瑞士银行家雅克·内克的“重大”提议

路易十六在1774年登上王座时，代表法国三个等级（大贵族、大教士、大商人）的“三级会议”（Estates General）已经有164年没有召开。1789年5月5日，由于任法国首相的瑞士银行家雅克·内克逼迫，也由于法国全国性的流动性枯竭已经危及法国的稳定，路易十六被迫在凡尔赛宫召开“三级会议”，由担任法国首相的瑞士银行家雅克·内克逼迫提出“紧急征收特别税”的建议，他同时提出将“大商人”在“三级议会”中的投票权增加一倍。这样银行家基本就在“三级议会”拥有了“多数表决权”，“法国第二央行·法国贴现银行”实际上控制了法国的议会，此后“议会”就等同于“独立央行”的工具了，金融僭主体制开始发威了。“第三等级代表”（银行家的代理人）宣布：“不同意增税，且增税为非法行为。”

这等于宣布了法国皇室的死刑。

2．银行家和路易十六的较量

（1）第一回合

银行家：1789年6月17日，外国银行家控制的“第三等级代表”宣布成立法国国民议会（National Assembly，实际上由银行家独立组成，既不是什么平民，也不代表法国议会整体了，是一个金融利益集团的产物，由外国垄断银行家族主导），

【法国经济】

法国商品出口以制成品为主，约占出口总额的81%，主要出口机械设备、汽车、化工产品、电子产品、香水及化妆品、飞机、导弹、火箭等，其中高科技产品出口十分可观，约占出口总额的25.5%；农产品和食品也是法国主要的出口商品，约占出口总额的12%。进口商品中，制成品约占74%，食品约占10%，燃料约占7%。

国王无权否决国民议会的决议。实际上篡夺了法国的政权,“独立央行”发动了政变,外国银行家族从此正式主导了法国的最高权力。

路易十六:路易十六宣布“国民议会”非法,其一切决议无效。他命令三个等级的代表分别开会,想以此改变银行家对整个议会的“多数控制局面”,这个做法不可谓不对,可是太晚了。

(2)第二回合

银行家:1789年7月9日“国民议会”宣布改称“制宪议会”,要求制定宪法,限制王权,直接触及了整个法国传统贵族的统治地位,实际上也宣布了法国民族政权和“法国三级议会”的终结,加入了欧洲的跨国金融僭主体制。这个所谓的“制宪议会”颠覆了议会制度,而不是建立了议会制度,这个“议会”甚至连“三级议会”的代表性都大大不足,仅代表外国银行家的“第三阶级”(自称“法国平

【法国经济】

法国主要进口机械设备、机床、纺织服装、石油、工业原料及农产品等。法国是仅次于德国的欧盟第二大纺织服装进口国。

民”,但这些银行家甚至都不是法国人)。

路易十六：路易十六知道一切都完了。1789年7月12日，银行雇佣军打着法国民众的名义开始占领法国的各个重要机构。可怜的路易十六只能依靠瑞士雇佣军与瑞士银行家族控制的“独立央行”的银行武装进行“较量”,这是一场闹剧。

3. 法国起义者攻打巴士底监狱——推翻封建专制制度的象征

1789年7月14日,巴黎平民攻占了法国军事要塞巴士底监狱,据说死了98个人,轰轰烈烈的法国大革命就成功了。巴士底监狱一直被认为是“镇压法国大革命的恐怖工具和黑暗的监狱”,这个问题有些争议。

首先,巴士底监狱是“巴士底军事要塞”,是控制法国首都巴黎的制高点,法国保卫首都的军队驻扎在那里。庞大的军事要塞里面住着一些生活过得很好的“囚犯”。1789年7月14日,里面一

共只有7个“囚犯”。其中4个是金融诈骗犯，被“银行雇佣军”立刻释放了，估计“并不陌生”。这些所谓的“囚犯”甚至可以带着自己的家具和仆人。

因为的确有7个人关在里面，故此“巴士底监狱”的说法，也还说得过去。被释放的也不是什么好人，除了4个伪造票据的金融诈骗犯之外，有一个著名的共济会成员萨德侯爵，这是一个地地道道的恶棍，并且很有“名气”。

4. 巴士底监狱中的“囚犯”——共济会成员萨德侯爵

这里提到“萨德侯爵”，经过反复的考虑，是为了让读者理解巴士底监狱的囚犯都是一些什么样的人，故此稍稍介绍一下这个欧洲历史上“著名的萨德侯爵”。

萨德侯爵被关进巴士底监狱是不是“迫害”?

1772年马赛一些父母控告“萨德侯爵”在糖里掺上麻醉药，欺骗无知的小孩吃糖，然后迷倒实施侵害。这件事不论放在哪个时代、哪个国家、哪种文化，都是令人厌恶的重罪。法国政府放了萨德侯爵一马，等萨德侯爵坐着马车出去游玩后，宣布缺席审判萨德侯爵死刑，以此平息了愤怒的舆论。

但是萨德侯爵被关进了巴士底狱却不是由于此事，而是被他的丈母娘(金融贵族的一员)告上了法庭，并且是找到了法国国王告的“御状”，弄了一张国王签发的逮捕令，法国是“刑不上大夫”的。萨德侯爵的妻子瑞内·佩拉吉·德·孟特瑞尔也不是什么正派人，两个人共同以虐待仆人为乐事。但萨德侯爵逃亡的时候（被缺席判决死

【法国经济】

法国的主要贸易伙伴是发达国家，其中又以欧盟国家最重要，占法国商品进出口贸易总额的一半以上；欧盟国家中以德国最重要，次为意大利。

刑的时候)，他跑到了妻子家的庄园居住，他拐走了妻子弟弟的“做了修女守贞节”的老婆，几乎把他的丈母娘气疯了！他的这个丈母娘特别厉害，不仅逼着瑞内·佩拉吉·德·孟特瑞尔跟这个倒霉女婿萨德侯爵离了婚，还找到国王把萨德侯爵抓住(1777年)，送进了监狱(他的死刑判决却不了了之了)。萨德侯爵奢侈惯了，受不了普通监狱的待遇，多次越狱，结果被送进了巴士底监狱。

这不但不是“迫害”，还是一种优待。他可以装修房间、拥有仆人、出外买书，有厨师，每日写书、下棋，但他的确已经彻底地丧失了理智，每日沉浸在可怕的幻想当中，留下了大量的“书籍”(如果可以叫作“书籍”的话)，里面充斥了病态的妄想。

1789年7月14日，他是法国大革命攻占巴士底监狱

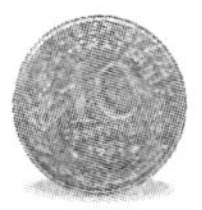

后，发现的7个囚犯中的一个，被塑造成“受路易十六迫害的典型”。但其实，银行家很快就发现这的确是一个疯子，不得不立刻把他关进了精神病院。此后萨德侯爵曾经被释放过，但又被判处过一次死刑，后来再次被关进了精神病院，1814年就死在了精神病院中。

【法国经济】

法国的主要贸易伙伴是发达国家，其中又以欧盟国家最重要，占法国商品进出口贸易总额的一半以上；欧盟国家中以德国最重要，次为意大利。

攻占巴士底监狱一共“救了”7个“被路易十六迫害的人”，4个金融诈骗犯被立刻释放；剩下3个贵族（包括萨德侯爵）都是精神病患者，被立刻转送到了精神病院。

全家被迫害致死的恰恰是法王路易十六。1793年1月21日路易十六和皇后玛丽·安托瓦内特、教士埃德热沃尔特一起被送上断头台，他们脑袋被铡刀切了下来。他年仅7岁的儿子路易·查理（即法王路易十七）开始被迫做苦工，并被迫骂自己的父母。他的叔叔普罗旺斯伯爵在逃亡中宣布他为法王路易十七，这件事害了这个孩子。他被银行家（第三阶层）关在暗无天日的地牢中，整整3年。每天仅仅给一顿饭，大小便就在地牢小屋中，从来不给打扫，最后活活折磨死了这个未成年的孩子。他的尸体还被解剖，心脏被泡在了酒精里，据说是“纪念或者研究”之用，因为有人说他死于疥疮（这毫不奇怪）。当时，法国一片恐怖，法国皇室、贵族、民族工商业者每天被杀，根本就没有墓地，有一个大坑，就把小小的路易十七扔进了大坑，后来由于无法在堆积如山的腐烂尸骨中找到一个“被解剖过的小

孩子的残躯”，所以，还有一些传说路易十七没有死，成功地逃跑了。

但这只是一个故事，路易十七如果按照族谱，也可追溯到欧洲垄断银行家族，他也是一个大银行家的后裔。但银行家眼中没有亲情，即便是一个孩子，也要杀死。原因很简单：法国金融僭主体制已经“成熟”了，不再需要尾大不掉的传统贵族做银行代理人了——银行家族要“换马”了。（银行家族不定期铲除旧的代理人阶层，是吸取了美第奇银行的“成功的经验”，反过来说对“威尼斯主流银行家”来说，就是教训）。

法国传统贵族体制要为他们自己的灭亡负责，腐败透顶的法国传统贵族体制完蛋本身并不是坏事，但替代传统贵族体制的世袭金融僭主体制却更加糟糕。金融僭主体制丝毫没有摆脱传统贵族的世袭家天下体

制的一切不足，反而强化了这些特质，更加“成功”地实现了血缘世袭。所以，欧洲古代的金融僭主体制是一种历史的倒退，而不是进步（即便和欧洲传统贵族体制相比，也是如此）。

【法国经济】

美国是欧盟外法国最大的贸易对象国。长期以来，法国一直是非洲国家的重要贸易伙伴，近年来与亚洲的贸易也有较快增长。

攻占巴士底监狱是一场典型的资产阶级革命不假，那里也竖立过一块“我们在此跳舞”的小牌子，却没有砸碎镣铐的自由人在那里载歌载舞，“巴士底要塞”不过是换了一个新主人。

第八节　法国的金融监管制度

金融监管的体制模式主要存在两种，即完全整合的监管模式和严格分立的监管模式。采取前者的国家以英国为代表，而法国的监管制度则是后一种模式的典型。

1．完全整合的监管模式：英国金融服务监管局

金管局将原来由证券投资委员会（SIB）、英格兰银行和财政部行使的监管职能合而为一，监管范围涵盖证券业、银行业和保险业，成为整个金融市场上唯一的监管机构。金融服务监管局将监管职能从英格兰银行抽离出来，作为中央银行，英格兰银行只

保留维护金融稳定和充当最后借款人的职能。财政部负责总体监管框架的构建和相关立法。

金融服务监管局是独立的非政府组织,经费全部来源于其所监管的机构。金管局采取有限公司的形式存在,其董事会由英国财政部任命,每年向财政部递交报告,并通过财政部对英国议会负责。如此一来,金管局看上去似乎无法摆脱政府的控制,但事实上《2000年金融服务与市场法》为金管局明确设立了四项目标,从而保证了金管局运作的独立性。这四项目标是:保持金融系统对市场的信心;促进公众对金融系统的了解,包括对各种投资以及其他金融交易的收益与风险的了解;确保为消费者提供适当的保护;减少金融服务机构被利用于从事与洗钱、欺诈、内部交易等金融犯罪有关活动的可能性。

金融服务监管局根据监管与服务对象的不同下设九大部门,分别是:资本市场部、银行部、保险部、资产管理部、零售市场部、会计与审计部、消费者服务部、金融犯罪监管部、金融稳定部,管

理范围覆盖FSA所有法定监管领域。金管局承担的责任有:对吸收存款、保险业务和证券投资业务的审批,监督信贷、保险、证券市场从业的公司,帮助消费者获得与金融市场有关的必要的知识,调查金融犯罪等,是对金融市场监管直接负责的唯一的监管者。

除英国以外,实行完全整合的监管模式的国家还有日本、韩国、新加坡等。

2. 严格分立的监管模式

这种监管模式是将金融市场划分成三个互不相交的领域,在银行、保险和证券市场领域分别设置独立的监管机构,比起完全整合的监管模式强调机构内部不同部门之间的沟通而言,严格分立的监管模式强调的是不同机构之间的沟通,对机构间的合作与分工有着更高的要求。希腊、两班牙、葡萄牙等国家采取这种监管模式。

法国实行的是上面所介绍的两种模式中的第二种,即严格分立的监管模式。

后记:创造财富从法国开始

法国是世界著名的旅游国,平均每年接待外国游客0.7亿人次,超过本国人口。首都巴黎、地中海和大西洋沿岸的风景区及阿尔卑斯山区都是旅游胜地,此外还有一些历史名城、卢瓦尔河畔的古堡群、布列塔尼和诺曼底的渔村、科西嘉岛等。法国一些著名的博物馆收藏着世界文化的宝贵遗产。

时代变化了,财富的形式也发生了变化,每个有志于创造巨额财富的人就应考虑是否适应这一变化,改变你的财富战略,抛弃不合时宜的求富计划,走自己独创的致富道路。

年轻有为的成功者与富翁都来自我们普通的百姓中间,他们的昨天与芸芸众生的你一样平凡普通。他们出身平凡,艰苦求学,不仅有创新的知识,而且有出众的财商,据此创下了骄人的财富与业绩。

过去一个富翁的诞生,需要几代人的财富积聚,一些白手起家的创富者,也几乎耗去了一生的精力,才得以成为富豪。但现在因为有知识的力量,财富积聚的速度成倍成倍地增快了,过去需要几十年甚至上百年的财富积聚,现在几年甚至两三年就完成了。

事实上,人们只要稍加留意,就不难发现,越来越多的年轻成功者已经脱颖而出,成为时代的弄潮儿。说起年轻富翁,人们很容易联想到世界富豪排行榜上年轻的首富、美国微软公司前总裁比尔·盖茨。不过,在当今时代,虽然许多年轻人不曾拥有比尔·盖茨式的辉煌，但是，他们中越来越多的人，在各行各业的舞台上也熠熠生辉，缔造了越来越多的“年轻神话”。

我们只要做进一步的思考，就不难悟出：全球百万富翁的年轻化是整个人类科技进步的表现。首先，我们很容易想到，百万富翁的年轻化表明，当今时代越来越多的年轻人具有非常高的素质。而年轻人创造着世界的未来，年轻人的素质在某种程度上决定着世界未来发展的前景。年轻人素质如何，的确影响着人类进步的历程。

百万富翁的年轻化表明，越来越多的富有创造性、富有才华、富有事业心的年轻人已经有了良好的事业基础，使得他们可以在更大的空间充分施展才华，发挥聪明才智，在较长时间内持续为推动社会物质文明的不断提高贡献力量。富有事业心的年轻人可以努力奋斗，依靠自己良好的事业基础，不断把事业做大，创造更多的社会物质财富。而年老的富有者由于年龄上的原因，使其发挥余热的时间受着极大限制。从这个意义上说，百万富翁的年轻化也代表着人类的自然进化。

强烈的赚钱欲望是大多数富人成功的第一要素。几乎没有一个富人会试图掩饰他们血液里始终兴奋着的发财欲望：不赚钱，毋宁死。

有志于创造巨额财富的青年朋友，不妨到法国去看一看，也许能够缔造一个属于自己的财富神话呢！